D1067288

EDAF

MADRID

AZORÍN

CASTILLA

LA RUTA DE
DON QUIJOTE

Prólogo y Cronología de
MAURO ARMIÑO

CONTEMPORÁNEOS
BIBLIOTECA EDAF

28

© EDAF, Ediciones-Distribuciones, S. A.
Jorge Juan, 30. Madrid, 1982.

ISBN: 84-7166-255-8
Depósito legal: M. 10495-1982

Artes Gráficas EMA. Miguel Yuste, 27. Madrid-17

ÍNDICE

Págs.

PRÓLOGO, por Mauro Armiño 9

CASTILLA

Los ferrocarriles 31
El primer ferrocarril castellano 39
Ventas, posadas y fondas 47
Los toros 55
Una ciudad y un balcón 61
La catedral 69
El mar 77
Las nubes 83
Lo fatal 89
La fragancia del vaso 95
Cerrera, cerrera 101
Una flauta en la noche 107
Una lucecita roja 113
La casa cerrada 119

LA RUTA DE DON QUIJOTE

I. La partida 129

II. En marcha 135

III. Psicología de Argamasilla 141

IV. El ambiente de Argamasilla 147

V. Los académicos de Argamasilla 153

VI. Siluetas de Argamasilla 159

VII. La primera salida 169

VIII. La venta de Puerto Lápiche 175

IX. Camino de Ruidera 181

X. La cueva de Montesinos 187

XI. Los molinos de viento 193

XII. Los Sanchos de Criptana 199

XIII. En El Toboso 207

XIV. Los miguelistas de El Toboso 213

XV. La exaltación española 219

Pequeña guía para los extranjeros 225

PRÓLOGO

Resulta fácil comprender que a finales del siglo XIX una generación de escritores españoles se plantee, tras una centuria de descalabros, guerra civiles, discordias y desafueros, el problema de España, de sus tierras y su cultura. Aunque el término de «generación» sea poco grato, e impreciso en algún caso, lo cierto es que se ha fosilizado ya para designar a los pensadores que configuran un fin de siglo intelectual espléndido, que prestan el colofón a la asombrosa vitalidad política de la España del XIX. Esa vitalidad había nacido con el romanticismo y se había expresado no en frutos literarios, sino en voluntad de acción política: voluntad de acción que vemos perfectamente en las querellas sobre naturalismo y realismo y en la aceptación del modernismo, cuya misión en España consistió sobre todo en abrir las puertas de Europa, del pensamiento alemán especialmente (Schopenhauer, Nietzsche), de Kierkegaard, de Tolstoi, de Bergson, en diversas etapas que alcanzan hasta la primera guerra mundial. Al quebrar, el naturalismo había barrido la idea de la ciencia como salvadora y se imponía una revisión a fondo de todos los dominios, la creación de nuevas bases de «espiritualidad», para enfocar la historia y el arte, la libertad y la intimidad, el pensamiento y la existencia material.

Son los «noventayochos» los encargados de esa tarea que Joaquín Costa había iniciado con su «regeneracionismo»: una nómina que sólo puede compararse con el siglo de oro en calidad iba a meditar —equivocadamente o no es matiz distinto— desde distintas posturas esos temas: Unamuno, Baroja, Azorín, Valle-Inclán, Machado, Benavente, quizá Juan Ramón Jiménez —por lo latos o estrictos que pueden ser los límites generacionales—. Y Azorín, que fue el oficiante bautismal de la generación, se convierte en exponente claro de ese grupo inconforme que, en sus propias palabras, se empeña en

> «… acercarse a la realidad y en desarticular el idioma, en aportar a él viejas palabras, plásticas palabras, con objeto de aprisionar menuda y fuertemente esa realidad. La generación del 98, en suma, ha tenido todo eso; y la curiosidad mental de lo extranjero y el espectáculo del desastre —fracaso de toda la política española— ha avivado toda su sensibilidad y ha puesto en ella una variante que antes no había en España».

El tema noventayochista por excelencia, «¿Qué es España?», o como Maragall dice en carta a Unamuno, «la cuestión de España», es el *leiv-motiv* obsesivo para todos, enfocado desde distintas perspectivas por cada uno de ellos. De ahí que cuestionen la política, la literatura oficial, la filosofía y los asuntos artísticos desde una mirada general a la nación y su historia. Tras una revisión a fondo de los valores tan cacareados, se vuelven hacia el pueblo y su menuda vida, a los clásicos en busca del idioma, estudian el paisaje y la tradición para ahondar en la supuesta idiosincrasia, para decidir —ellos creían que de una vez por todas— los elementos auténticos y vitales del pasado; al paisaje para psicologizarlo y verlo en su relación con el habitante. Y todo a partir de cada uno de los *yos* individuales, rasgo esencial, porque no son las luces, a diferencia de la Ilustración, el canon, sino el espíritu mismo del escritor inquieto el que actúa como juez. En definitiva, buscan una imagen de España distinta de la consagrada por los tópicos en tres aspectos claves: el paisaje, la historia y la literatura.

El paisaje —y en Azorín destaca este tema como en ninguno de los demás noventayochos— será para todos un sello permanente de la autenticidad: grandes viajeros, ponen la mano sobre las llagas político-sociales que contemplan, al par que tiemblan de emoción ante la belleza de una miserable aldea castellana, de unos picachos roqueños, pedregosos y pelados que contienen, en su desolación, el alma del pasado. «Y esta mi torre de Monterrey —dice Unamuno refiriéndose a Salamanca— me habla de nuestro renacimiento, del renacimiento español, de la españolidad eterna, hecha piedra de visión, y me dice que me diga español, y que afirme que si la vida es sueño, el sueño es lo único que queda.» El paisaje se relaciona así de forma constante con el pasado o el presente del país.

A la historia van en busca de esa españolidad que Unamuno cita, una españolidad distinta a la pregonada por el Imperio: a un lado quedan las grandes fechas, los descubrimientos, las heroicas batallas, enterradas de golpe por el desastre final de la fecha que les da nombre, la pérdida de Cuba, última posesión española en América: algunos de estos pensadores llegan a ver en el espíritu de los conquistadores la raíz de la desolación presente: tras una grandilocuencia de pesadilla y de cartón piedra queda una «infraespaña» olvidada, soterrada, que ellos pesquisan en la Edad Media, en el hombre aquel que sobre el áspero paisaje se entregaba cansino a su labor sin más ilusión que sus panes y su existencia individual, totalmente alejado de la irrealidad forjada por el resplandor del imperio: «No busquéis, dice Azo-

11

rín, el espíritu de la historia y de la raza en los monumentos y en los libros…», porque más allá de esto «hay un mundo desconocido de pequeños hechos».

En cuanto a la literatura, también experimenta una revisión que comienza rechazando el pasado inmediato, aquel romanticismo desmesurado en ayes y contradicciones, aquella ilustración literariamente pobre, para retornar a los primitivos de la Edad Media, a Berceo, a Juan Ruiz, a Santillana, a los clásicos olvidados como Góngora o Gracián; se rehabilita al Greco y se nombra a Larra precursor por su rebeldía, por su espíritu crítico e inconforme ante una realidad amarga, por su comprensión de las bases de la miseria española.

*
* *

Estos tres puntos, que constituyen el arco mayor de ese momento intelectual, quedan perfectamente expresados por estos dos libros de Azorín, el escritor menos de moda de la generación en estos momentos. Pero la moda poco tiene que ver con la valía propia de un escritor. Como las olas, la moda pasa unas veces por aquí en el reflujo dejando en la arena despojos nada más; otras, con el flujo, llega a otras arenas: las olas que alcanzan la orilla no son el mar, que está hacia el centro profundo de la masa acuosa. Parece vano explicar los motivos de la desaparición de Azorín de la cresta de la ola. Verle en su esencia más pura como escritor y como pensador explicará por sí solo su alejamiento de las grandes motivaciones masificadas que acarrean el triunfo fácil, la presencia permanente y topicizada. No podía ocurrir con Azorín, cuya escritura niega precisamente eso: aquello que tiene el denominador común de la mayoría.

Lo que ahora parecemos no entender era el valor máximo de Azorín en su época para los máximos escritores del momento. José Ortega y Gasset y Juan Ramón Jiménez, entre otros, nos han dejado páginas espléndidas sobre lo que el primero denomina «primores de lo vulgar» [1]: ambos sitúan el arte azoriniano en la delicadeza de penetración, en una emoción presidida por la sensibilidad más sutil. Y eso parece irse perdiendo, aunque el arte contemporáneo afirme soterradamente la validez suprema del matiz individual por encima de las grandes manchas a las que asiente la mayoría.

Ése es el coto azoriniano, un jardín abierto para pocos pero lleno de una jugosidad frutal una vez traspasados los primeros espinos. *Castilla* y *La ruta de don Quijote* ejemplifican de manera magistral ese modo literario de Azorín, lleno de sutilezas, de amor por las palabras, de resurrección de lo olvidado bajo la pátina polvorienta de los siglos: late, bajo el polvo, la vida, una vida distinta, pero enternecedora hasta las lágrimas, a pesar de todos los defectos, a pesar de las molestias que produce.

¿Cómo concibe Azorín *Castilla*? Se trata de una suerte de estampas, como artículos fueron las páginas de *La ruta de don Quijote*. Estampas españolas: sólo los títulos bastan para adentrarnos por eso que puede ser denominador común: los ferrocarriles necesarios para el gran viajero que fue el autor; las ventas y posadas, las fondas y los toros; las pequeñas cosas que nadie cuenta pero que son necesarias para la contemplación. Las cosas nimias, los personajes olvidados por su propia insignificancia: un pequeño balcón de una ciudad, la eterna catedral de piedra que sueña un pasado —¿mejor, peor?—. Ése es el fondo, y también el pretexto: la colina que ocupa el fondo del cuadro pero que, minuciosa-

---

[1] José Ortega y Gasset: «Primores de lo vulgar», aparecido en *El Espectador*, tomo II, Madrid, 1917. Puede leerse, con otros artículos sobre Azorín, en *Ensayos sobre la generación del 98 y otros escritores españoles contemporáneos*, edición de Paulino Garagorri, Alianza Editorial, Madrid, 1981.

Juan Ramón Jiménez: «Antonio Azorín: pequeño libro en que se habla de la vida de este peregrino señor», en *Helios*, núm. 4, Madrid, 1903; recogido en *Prosas críticas*, vol. XX, edición del Centenario, Taurus Ediciones, Madrid, 1981.

mente vista, se sitúa en el primer plano con sus ondulaciones leves frente a la áspera montaña: entre montaña y colina ha pasado el tiempo —el eterno roedor del pensamiento—; montaña y colina encierran en sus jaras, en sus guijos, testimonios ya olvidados de algo que ni siquiera fue historia, sino lento, leve pasar de la vida más breve: así, cuando Azorín echa a andar en la primera estampa, tenemos unas consideraciones sobre la historia del ferrocarril, de los caminos de hierro que atraviesan ya —con mucho más retraso, con menor velocidad que los europeos— la geografía. En esa visión amorosa de viajero frecuentador de trenes, hay un reproche azoriniano —nunca deja de haberlo en estas estampas— por la tardanza, por el atraso español frente al resto de los ferrocarriles europeos, por el eterno «Santiago y cierra España», por el «doblemos los Pirineos» para que nada salga y nada entre. Se repetirá constante esa punta de amargura en medio de la emocionada contemplación del atraso: la ironía leve —Azorín nunca llega a la burla ni a la denostación—: las ventas, posadas y fondas con su ruidosidad, que parece característica de la idiosincrasia española, le hace reunir las voces de otros escritores que denostan ese ruido y la escasa cultura. Y al escribirlas, al copiar para nosotros las frases del *Manual del viajero* de Antonio María de Segovia, en que éste denuncia la rudeza, la tosquedad de nuestras costumbres, hemos de ver un asentimiento, una queja de nuestro escritor que, sin embargo, en un delicado giro, remata esos lamentos con la ambigüedad de su última frase: «¡Oh, ventas, posadas y fonditas estruendosas y sórdidas de mi vieja España!»

El empleo de los diminutivos para estos defectos que en otros escritores aparecen con el chafarrinón de la denuncia más negra, nos muestra a Azorín dividido entre el amor y el rechazo: bajo la apariencia tosca, bajo la rudeza de costumbres y la carencia de educación, Azorín ve transparecer el fantasma de lo que antiguamente vivió en su expresión más sencilla: la pátina no mejora las cosas, las adocena y empolva, pero debajo está el testimonio fresco de una vida que

fue, con la que el escritor *simpatiza* cordialmente. Es ese
rescate de las cosas que se perdieron en el tiempo lo que
busca, lo que le conmueve, lo que convierte su estilo en una
morosidad cálida donde hasta las palabras parecen salir de su
pluma entre algodones acariciadores. No hay información
directa, no es esta prosa periodismo informativo ni docente,
sino una amorosidad hacia lo pequeño hecha con palabras
amadas, con palabras resucitadas, con palabras creadas por
el autor.

Hay, en *Castilla,* páginas de un temple literario perfecto,
donde la nostalgia parece subyacer a un estilo que traduce la
conmoción sufrida por el autor ante esas cosas: «Una ciudad
y un balcón», por ejemplo, es un encaje sobre el paso del
tiempo —eterno tema azoriniano— y la perdurabilidad del ser
humano, constante mientras se arruinan y aterran las cosas
que le acompañan en su vida: los cambios que el ser acepta o
soporta son exteriores; pero por dentro, aunque en el sendero
ya no haya una carretela de caballos sino dos raíles tensos
tirados hacia el infinito, en el viejo balcón de la vieja casa, un
hombre —otro distinto a aquel que en el primer fragmento
contemplara el tropel de caballos de un caballero y su sé-
quito— contempla ahora los humeros del tren: fuera ha cambiado todo, mas ambos, el de antes y el de ahora, tienen los
ojos empañados por la misma tristeza. Siempre junto a un
balcón, en la misma ciudad o en otra, «habrá un hombre con
la cabeza meditadora y triste, reclinada en la mano. No le
podrán quitar el dolorido sentir», apostilla recordando a
Garcilaso.

Y al par de las descripciones, Azorín asume internamente
a los clásicos: es siempre uno o varios fragmentos, citas
o recuerdos de pasajes de los escritores clásicos, los que
sirven de pie o de lema a su reflexión pausada. Todo es
meditación, tiempo sostenido en una frase acuñada e intem-
poral por su eternidad, como esa catedral de la estampa que
lleva su nombre: lo eterno no es ese amasijo de piedras que se
alzan ahora pero que en otro tiempo fueron otras, con distin-

tas formas, e incluso no fueron piedras sino baños romanos remontándonos más lejos. Lo eterno es el verso de Virgilio que ha suscitado la meditación: hay algo que permanece, por más oculto que esté. La técnica del pintor impresionista que Azorín maneja y confiesa («La catedral es una y varia a través de los siglos: aparece distinta en las diversas horas del día; se nos muestra con distintos aspectos en las varias estaciones») no es un hecho casual ni una idea accidental: es la base misma de la existencia de Azorín como escritor; está siempre dispuesto a captar eso que pasa, y a la vez eso que queda permanente, esa especie de aura que dejó lo que una vez hubo, un aura inmaterial —difícil por eso de columbrar—, inaccesible —salvo para una meditación solipsista entregada a la sutileza, y por tanto inaccesible para la mayoría—, pero a la vez inmarcesible para quien sepa adentrarse por la pátina superficial y penetre en lo íntimo de la historia y de las cosas.

¿Primores de lo vulgar? Ya lo apuntilló Ortega con toda la sagacidad de su pensamiento; y también, mística de lo vulgar, transubstanciación de lo material y presente en un alma invisible que está en el fondo, no de las cosas mismas, sino del hueco que dejaron a su paso, tras ser construidas y destruidas, tras haber sido dadas a luz y haber fenecido: todo depende de quien sepa apreciar esa inmaterial presencia, de quien pueda admitir la vida en la mente como algo real de toda realidad. Y así, en la estampa quizá más afortunada del libro, en esa espléndida reflexión sobre la magia de la nube como símbolo del tiempo que es *Las nubes,* Azorín consigue una tensión dramática, creada con la decoración del ambiente y la morosidad de sus melancólicas frases, que pocos dramaturgos han conseguido nunca. En escena, una irrealidad fácilmente aceptable por el lector: Azorín continúa a un clásico, enmendando el final de Rojas; tenemos a Calixto y Melibea dieciocho años después de la anteúltima escena de la tragicomedia de Fernando de Rojas: los amantes que murieron en las tablas no tuvieron ese desenlace, sino que casaron y han vivido en el seno de la tranquilidad castellana: una hija, Alisa, de ojos verdes como Melibea, endulza más aún el tranquilo pasar de este burgués en que Azorín ha convertido al apasionado joven de Rojas. La transposición de un estado a otro tiene sin embargo un sentido. Morosamente, Azorín va describiendo el fresco y ameno huerto donde retoza la joven Alisa ante la mirada dulce de Calixto; nos adentra por un interior velazqueño, de puertas y armarios de cuarterones, donde todo, hasta la luz, está tamizado para que nada chirríe, para que nada altere la paz, esa felicidad de los en la otra obra torturados amantes. El contraste es un claroscuro fuerte si vemos en qué ha convertido el autor de *Castilla* a los héroes de Rojas; pero es que Azorín no quiere contraponer su visión a la del converso castellano, sino orientarla por un camino propio. Calixto contempla, puesta la mano en la mejilla, las nubes, imagen a un tiempo de la inestabilidad y de la eternidad. Las nubes, tema sutil que ocupa un lugar en la delicadeza del arte del pasado, tanto en pintura (recordemos el cuadro de Vermeer sobre Delft; o su obsesiva aparición en Baudelaire, por ejemplo en el primero de los *Pequeños poemas en prosa*, sin adentrarnos más por el tema): ante Calixto está la tranquilidad, la felicidad, la hija amada, el fresco ambiente del interior de la casa, el ameno solaz del huerto; pero tiene la mano en la mejilla: las frases se suceden refrenando cualquier cosa que rompa ese clima de bienandanza mientras Calixto contempla las nubes en el huerto y Alisa juguetea o lee un libro; y de pronto, como un rayo «un halcón aparece revolando rápida y violentamente por entre los árboles. Tras él, persiguiéndole, todo agitado y descompuesto, surge un mancebo. Al llegar frente a Alisa, se detiene absorto, sonríe y comienza a hablarle. Calixto lo ve desde el carasol y adivina sus palabras. Unas nubes redondas, blancas, pasan lentamente, sobre el cielo azul, en la lejanía».

La escena, perfecta y dramáticamte construida, logra su magia de revivencia del pasado, y a la vez es un pasado

17

distinto, desconocido; la fosilizada escena de Fernando de Rojas, gracias a la preparación que Azorín ha dispuesto para presentárnosla, cobra vida ahora con una emoción fresca, totalmente nueva: no es una emoción medieval, de erudición: sino el hálito de un pulso contemporáneo, totalmente asumible por nosotros, enraizado en nosotros mismos así presentado. Es el prodigio del estilo de Azorín: las pequeñas cosas vuelven a latir ante nosotros, con nueva luz, con total vivencia a nuestro lado, con ese trasfondo cultural que tenemos ahora como lectores y que las cosas del pasado no tuvieron en su época: es la sensibilidad del escritor la que las revive, las re-hace, las re-crea y crea: nunca el estilo literario tuvo más poderes inmediatos: es la frase, es el aliento y la pausa del escritor lo que va inundando de melancolía, o de leve tristeza, o de tierno júbilo, la presencia del mundo, del paisaje, de los seres ya idos. Pero no es una elegía, porque Azorín logra que esas cosas estén vivas aún, bajo la luz prodigiosa de su estilo. Juan Ramón Jiménez, otro escritor exquisito, supo calar hasta el hondón oculto del «milagro» azoriniano:

«En literatura, además de la esencia de las cosas —de lo que suele llamarse fondo— y además de la forma, hay una esencia, un fondo de esa misma forma, que es, a mi modo de ver, uno de los más interesantes encantos de la estética; es un algo tímido y aprisionado, que viene del alma de una manera graciosa y espontánea, o atormentada —espontánea en este sentido no equivale a fácil—, y que cae sobre el papel, entre un lazo de palabras, como cosa divina y mágica, sin explicación alguna natural; (...) que es, en Martínez Ruiz, encanto igual y repetido de finas palabras descoloridas, palabras viejas, usadas y llorosas. No está en la gramática ni en la retórica ese encanto interior; se puede escribir admirablemente, decir las cosas de varios modos —y quedarse, al fin, sin decirlas—, y estar falto de ese don de milagro. Y esta esencia, este fondo de la forma, matiza tenuemente la prosa de Martínez Ruiz y la llena de ondulaciones simpáticas, de irónicos decires acariciadores. Así, lo minucioso en este

escritor, no tiene carácter de inventario»[2], sino que es nacimiento, nacencia como diría Unamuno, un dar a luz de
seres-palabras transidas, humedecidas por el aliento poético.

*

* *

Así reviven todos los objetos tocados por su pluma, ya
sean los paisajes castellanos, con sus elementos más caracte-
rísticos; las fondas y posadas, las viejas y rancias catedrales,
las escenas de los viejos libros, vivificadas ahora como en el
caso de «Las Nubes», o como en «La fragancia del vaso», en
que Azorín presta su voz a una escena cervantina de *La
ilustre fregona;* o también, aquellos parajes que conocieron un
día el paso del Quijote, Argamasilla, Puerto Lápiche, la cueva
de Montesinos, los molinos del campo de Criptana, El Toboso, paisajes y personajes todos de una ficción vertidos a la
vieja realidad para ser contemplados desde un prisma más
humano, por más cotidiano, por Azorín. El epígrafe que
preside *Castilla* ya nos habla de su pretensión: «aprisionar
una partícula del espíritu de Castilla. Las formas y modalidades someras y aparatosas han sido descartadas; (...) Una
preocupación por el poder del tiempo compone el fondo
espiritual de estos cuadros. La sensación de la corriente
perdurable —e inexorable— de las cosas, cree el autor haberla experimentado al escribir algunas de las presentes páginas», y nosotros, como lectores, creemos hallarnos ante la
magia de ese tiempo invertido para cargarse del aroma rancio
de lo que ha vivido más. Porque a pesar de que la realidad
esté aterrada, derruida en polvo y en arenas, en la desolación
castellana «yo veo esta fuerza, esta energía íntima de la raza,
esta despreocupación, esta indiferencia, este altivo desdén,
este rapto súbito de lo heroico, esta amalgama, en fin, de lo

---

[2] Obra citada, pág. 48.

más prosaico y de lo más eterno». ¿No puede hablarse aquí de una mística contemplativa del pasado menos brillante, más cotidiano, elevado a la categoría de héroe? Podríamos calificarlo de una relectura del pasado, y no sólo de los libros, sino de las esencias que aquella vida dejó en las arrugas del tiempo, impotente para carcomer lo que a Azorín más le importa: la médula impalpable que en el espacio dejan las cosas y los seres en su acabamiento material; el aura sigue viva, y es el aura lo que Azorín restablece a vida con lo que Ortega llamó «el nervio sensitivo de su alma».

No está, y no estará por mucho tiempo, quizá infinito, de moda, como tampoco lo estará la poesía de Unamuno; tampoco será para la mayoría lectura cotidiana, como no lo es el quizá «más alto y peregrino» poeta español del siglo, perdido también entre sutilezas para acercarse al meollo central, el más jugoso y rico, de la vida: Juan Ramón Jiménez. La inmediatez de lo cotidiano, el tráfago de elementos que por la cabeza de todos corre, hace que unos más, otros menos, nos apartemos de la delicada vida interior propia, y la vida interior de algunos escritores que frecuentaron especialmente ese ámbito. Y así, los citados y algunos otros se verán sólo frecuentados por pasajeros algo aislados del exterior y de su ruido, lo que Ortega llamaba espíritus selectos —¿por qué no admitir la aristocracia del espíritu que él palpaba si también ahora puede palparse?— Y el propio Ortega, en el citado ensayo sobre Azorín —ensayo orteguiano de inexcusable lectura—, explica los motivos por los que Azorín nunca estará de moda: «Los espíritus selectos tienen la clara intuición de que eternamente formarán una minoría —tolerada a veces, casi siempre aplastada por la muchedumbre inferior, jamás comprendida y nunca amada—. Cuando la muchedumbre ha pulido un poco más sus apetitos y ha ampliado su percepción, la minoría excelente ha avanzado también en su propio perfeccionamiento. El abismo perdura siempre entre los menos y los más y no será nunca allanado. Siempre habrá dos tablas contrapuestas de valoración: la de los mejores y la de los muchos —en moral, en costumbres, en gestos, en arte—. Siempre habrá dos maneras irreductibles de pensar sobre la vida y sobre las cosas: la de los pocos inteligentes y la de los obtusos innumerables.»[3]

No coincido plenamente con estas palabras de Ortega respecto a esa división del mundo o de la sociedad. Pero sí, y cabalmente, con esa división —tal real, tan al alcance cotidiano de los ojos— de una minoría y de la muchedumbre frente al arte, frente a la literatura. Y ahora que Azorín es acusado de huero, de vacío, de palabrero, que no es leído y es poco estudiado, conviene empezar a situarlo de nuevo en el sitio que le es propio y con las características que le son propias, que no son ésas de huero y vacío, sino las de un escritor que con la esencia de su forma sabe y puede —como Proust, aunque el plano sea distinto— dar vida al pasado en el que inserta su exquisita sensibilidad de principios de siglo, de un siglo que es todavía el nuestro, de una sensibilidad y una sutileza de la que por fortuna aún compartimos muchos matices.

Mauro ARMIÑO

---

[3] «Primores de lo vulgar», edición citada, pág. 227. También Ortega, como Azorín, necesita una relectura personal, que libere al gran escritor que fue de los encasillamientos y tópicos en que se nos pretende trocear diariamente su obra —como si fuera material digerible para un esquemático análisis—. Las simplificaciones que han asolado la cultura española desde 1940 deben dejarse a un lado: el fruto de ellas, al tiempo que han impedido el conocimiento directo y en profundidad de lo simplificado, ha empobrecido el nivel cultural hasta extremos insospechados: un ejemplo inmediato lo constituye el desprecio por el escritor que nos ocupa, José Martínez Ruiz.

CRONOLOGÍA

1873. Nace el 8 de junio José Martínez Ruiz, «Azorín», en Monóvar (Alicante), hijo de Isidro Martínez Soriano, abogado aficionado a la historia. A los ocho años ingresaría en el colegio de los PP. Escolapios de Yecla: «En esa ciudad se ha formado mi espíritu», y en ella situaría la acción de sus novelas *La voluntad* y *Antonio Azorín*.

1888. Se traslada a Valencia para estudiar Derecho; indisciplinado estudiante que inicia colaboraciones periodísticas.

1893. Crítico teatral de *El mercantil valenciano,* y publicación de un folleto sobre Moratín, con el seudónimo volteriano de «Cándido»; con el de «Ahrimán» aparecerá al año siguiente *Buscapiés*. Profunda impresión ante la lectura de *Las flores del mal,* de Baudelaire. Se traslada a Granada para seguir sus estudios de Derecho; al año siguiente a Salamanca a la búsqueda de profesores condescendientes para sus estudios muy irregulares, para terminar regresando a Valencia sin concluir la carrera.

1896. Llegada a Madrid, donde se instala junto a la redacción de *El Imparcial*, en el que colabora al principio para luego pasar a *El País*, dirigido por Lerroux. Traducción de *La intrusa*, de Maeterlinck.

1897. Publicación de *Charivari* (crítica discordante), que provoca un gran escándalo; Azorín sorprende en Madrid por su fogosidad iconoclasta. En ese mismo año, Clarín elogia su talento en un artículo calificándole de «amante del idioma y de los clásicos», «escritor original». A partir de esta fecha aumenta sus colaboraciones periodísticas, pasando por diversas redacciones: *El Progreso, El Globo, ABC*, donde crea el género nuevo de la crónica parlamentaria.

1901. En el aniversario de la muerte de Larra (13 de febrero), Azorín, junto con Baroja, Antonio Gil, José Fluixá, Ignacio Alberti, Camilo Borgiela, etc., proclaman, en el cementerio de San Nicolás, a Larra como «maestro de la presente juventud literaria»: ése es el acta de nacimiento de la generación del 98. Recorre Andalucía escribiendo valientes artículos sobre el mísero estado económico y social de los campesinos, abogando, en un manifiesto firmado junto con Baroja y Maeztu, por un «nuevo estado social de España». En esa época, Azorín sorprende a Madrid con sus gestos *snobs:* pasea por la calle con un paraguas rojo.

1902. Aparece *La voluntad*, su primera gran obra; al año siguiente, *Antonio Azorín*, y en 1903 *Confesiones de un pequeño filósofo*.

1904. Empieza a firmar sus artículos con el seudónimo de Azorín que aparecerá en la portada de su siguiente libro, *Los pueblos* (1905). Recorre la ruta de Don Quijote por encargo de *El Imparcial*, dirigido por Ortega y Munilla.

1905. Homenaje a Echegaray por su premio Nobel: Azorín encabeza la marcha de protesta y un manifiesto; tras su nombre

23

están los de Unamuno, Rubén Darío y Maeztu. Acompaña al Rey como enviado especial de *ABC* en un viaje a París.

1907. Cambio político; gracias a Antonio Maura consigue ser elegido diputado; lo será en cuatro legislaturas más, la última de ellas (en 1919) como ciervista, pero apenas si intervino: sólo en una defensa de Unamuno atacado en el Parlamento.

1908. Contrae matrimonio con doña Julia Guinda Urzangui: la semblanza de esta mujer se encuentra en las páginas de *El licenciado Vidriera*. Comienza la serie de grandes obras, que irán apareciendo hasta 1925: *Lecturas españolas* (1912), *Castilla* (1912); *Clásicos y modernos* (1913), *Al margen de los clásicos* (1915); *El licenciado Vidriera* (1915); *Rivas y Larra* (1916); *El paisaje de España* (1917); *Los dos Luises* (1920), etc.

1913. En un artículo aparecido en *ABC*, escribe por primera vez la denominación «generación del 98» para designar a los miembros de su grupo generacional. Ya ha ingresado en el partido conservador de La Cierva, defendiendo su política en un folleto que más tarde se convertirá en libro: *Un discurso de La Cierva* (1921). Homenaje a Azorín en los jardines de Aranjuez, organizado por Ortega y Gasset; entre otros, intervino Juan Ramón Jiménez.

1917. Ortega y Gasset escribe su famoso ensayo sobre Azorín, «Primores de lo vulgar». Es nombrado subsecretario de Instrucción Pública.

1918. Azorín, que se ha declarado francófilo en la primera guerra mundial, trabaja como corresponsal de guerra en París: de ahí saldrá su libro *París bombardeado* (1919).

1924. Ingresa en la Academia de la Lengua el 28 de mayo. Sin embargo, no asistiría mucho a sus sesiones, al serle rechazada la propuesta de nombramiento de académico de Gabriel Miró.

1926. Estreno de su primera obra teatral, *Old Spain*, a la que seguirían *Brandy, mucho brandy* (1927), *Comedia del arte* (1927) y la trilogía *Lo invisible* (1928). En esta última fecha escribe, en colaboración con Muñoz Seca, *El clamor*.

1929. Nueva época literaria con la publicación de *Superrealismo*, que intenta una renovación del estilo bajo el lema de: «Con el mínimo de palabras expresar el máximo de sugerencias.» El título de este nuevo estilo será el de *Nuevas obras*, que recoge diversos libros.

1936. Se instala durante la guerra civil española en París; a su piso acudían todas las tardes Marañón, Ortega, Menéndez Pidal, Baroja, Sebastián Miranda y otros expatriados. Vive de sus colaboraciones para *La Prensa* de Buenos Aires. Regresa a Madrid en agosto de 1939. Continúa publicando a ritmo lento.

1952. En una entrevista radiofónica, anuncia su retirada del mundo de las letras: «Mi vida literaria ha terminado. El primer artículo lo escribí a los ocho años. Llevo setenta escribiendo. Ya estoy sentado. De ahora en adelante seré un espectador del gran movimiento literario actual.» En este año la radiodifusión francesa presenta su auto sacramental *Angelita*.

1953. Sus ochenta años son homenajeados por diarios y revistas. Se le hace un homenaje nacional. Aparece un libro sobre la afición de los últimos años: *El cine y el momento*. Gran admirador desde sus inicios del cine, en esos años asiste casi diariamente a proyecciones en locales de sesión continua.

1967. El 12 de marzo muere Azorín en su casa de la calle madrileña de Zorrilla.

CASTILLA

A la memoria de Aureliano de Beruete, pintor maravilloso de Castilla, silencioso en su arte, férvido.

Se ha pretendido en este libro aprisionar una partícula del espíritu de Castilla. Las formas y modalidades someras y aparatosas han sido descartadas; más valor concedemos, por ejemplo, a los ferrocarriles—obra capital en el mundo moderno—que a los hechos de la historia concebida en su sentido tradicional y ya en decadencia.

Una preocupación por el poder del tiempo compone el fondo espiritual de estos cuadros. La sensación de la corriente perdurable—e inexorable—de las cosas, cree el autor haberla experimentado al escribir algunas de las presentes páginas.

29

LOS FERROCARRILES

¿Cómo han visto los españoles los primeros ferrocarriles europeos? En España, los primeros ferrocarriles construidos fueron: el de Barcelona a Mataró, en 1848; el de Madrid a Aranjuez, en 1851. Años antes de inaugurarse esos nuevos y sorprendentes caminos, habían viajado por Francia, Bélgica e Inglaterra algunos escritores españoles; en los relatos de sus viajes nos contaron sus impresiones respecto de los ferrocarriles. Publicó Mesonero Romanos sus *Recuerdos de viaje por Francia y Bélgica,* en 1841; al año siguiente aparecía el segundo volumen de los *Viajes de Fray Gerundio.* Más detenida y sistemáticamente habla Lafuente que Mesonero de los ferrocarriles.

Don Modesto Lafuente fue periodista humorístico e historiador; nació en 1806 y murió en 1866. Compuso la *Historia de España* que todos conocemos; hizo largas y ruidosas campañas como escritor satírico. Acarreóle una de sus sátiras, en 1814, una violenta agresión de don Juan Prim—entonces coronel—; vemos un caluroso aplauso a esa agresión en el número VI de la revista *El Pensamiento*. Don Miguel de los Santos Álvarez dirigía esa publicación; colaboraban en ella Espronceda, Enrique Gil, García y Tassara, Ros de Olano. Rehusó Lafuente batirse con Prim; negóse a responder al sentimiento tradicional del honor. "Las injurias personales—decía *El Pensamiento*—en todos los países personalmente se ventilan. España, esta tierra clásica del valor y de la hidalguía, ¿desmentiría con su fallo su noble carácter?" "¿Se asociaría—añade el anónimo articulista—al cobarde que acude a los tribunales en lugar de acudir a donde le llama su honor?"

Un escritor que de tal modo rompía con uno de los más hondos y trascendentales aspectos de la tradición, había de ser el primero que más por extenso y entusiastamente nos hablase de los ferrocarriles: es decir, de un medio de transporte que venía a revolucionar las relaciones humanas. Fray Gerundio viaja, brujulea, corretea por Francia, por Bélgica, por Holanda, por las orillas del Rin; lo ve todo; quiere escudriñarlo y revolverlo todo. Observa las ciudades, los caminos, las viejas y pesadas diligencias, los parlamentos, las tiendas, las calles, los yantares privativos de cada país. Su charla es ligera, aturdida, amena, aguda y exacta a trechos. Lafuente se reservó su llegada a Bélgica para tratar de los caminos de hierro "por ser Bélgica el país en que los caminos de hierro están más generalizados y acondicionados". Minuciosamente va haciendo nuestro autor una descripción de los ferrocarriles.

"No todos los españoles—dice Lafuente—, por lo que en muchas conversaciones he oído y observado, tienen una idea exacta de la forma material de los caminos de hierro." De la construcción de la línea, de los túneles, de los viaductos, de las estaciones, de los coches, nos habla fray Gerundio con toda clase de detalles. No nos detengamos en ellos; el tren va a partir; subamos a nuestro vagón. "El humo del carbón de piedra que, saliendo del cañón de la máquina locomotiva de bronce, oscurece y se esparce por la atmósfera, anuncia la proximidad de la partida del convoy." Han unido ya a la máquina diez, quince, veinte coches. Se clasifican los carruajes en tres categorías: las diligencias o berlinas, los coches o *char-a-bancs* y los vagones. Las berlinas constan de veintiséis o veintiocho asientos, cómodos, mullidos; divídense en tres departamentos que se comunican por puertecillas. Los *char-a-bancs* constan de una sola división y son de cabida de treinta personas. Los vagones van abiertos y sirven "para las gentes de menos fortuna y para las mercancías". Han sonado unos persistentes toques de campana. Suben los viajeros a sus respectivos coches. Un dependiente que va en el último vagón del tren toca una trompeta; contesta con otro trompetazo otro empleado situado a la cabeza del convoy. Y el tren se pone en marcha. Poco a poco el movimiento se va acelerando. "Los objetos desaparecen como por ensalmo." Conviene que el viajero no mire el paisaje que se desliza junto al vagón, sino a lo lejos. Si se mira a los lados, no se verá "más que una cinta que forma, y se irá la cabeza fácilmente". Mesonero habla también de la rapidez con que desaparecen de la vista los objetos cercanos, y dice que por esto "es conveniente fijarla en la lontananza, o, por mejor decir, no fijarla en ninguna parte. La celeridad con que se marcha es de ocho a diez leguas por hora. "Recuerdo —escribe Mesonero—haber hecho en una hora y dos minutos la travesía desde Brujas a Gante, que son doce leguas." En 1840, cuando Lafuente y Mesonero observaban los ferrocarriles extranjeros, ya corría un tren en Cuba, entre La Habana y Güines. Nos habla de ese ferrocarril el desbaratado romántico don Jacinto de Salas y Quiroga, el amigo de Larra y Espronceda, en el primer tomo de sus *Viajes*—dedicado a la isla de Cuba—publicado en el citado año. Un solo viaje hacía diariamente este tren de La Habana a Güines; cuarenta y cuatro millas era el recorrido. "Desde luego—dice Salas—, noté menor velocidad que la que otras veces había experimentado en Inglaterra." "Apenas andábamos—añade—cuatro leguas españolas por hora." Al llegar Salas y Quiroga a Cuba, y al contemplar el destartalamiento de las fondas y la incomodidad de las ciudades, junto con el camino de hierro, en extraño y clamador contraste, recordó una frase de un famoso amigo suyo. «Vino, naturalmente, a la memoria—escribe—aquel célebre dicho de mi amigo Larra: "En esta casa se sirve el café antes que la sopa."»

* * *

Pero continuemos nuestro viaje en el ferrocarril belga, acompañados de fray Gerundio. Nada más cómodo que viajar en el tren. No hay temor, como algunos aseguran, de dificultad o ahogo en la respiración. El movimiento es suave: "una especie de movimiento trémulo y vibratorio". Se puede ir hablando, jugando o leyendo; algunas veces los empleados van escribiendo en un coche destinado a oficina. Una muchedumbre de viajeros llena los trenes y circula por todos los caminos. Las gentes se encuentran en los caminos con la misma frecuencia que en las calles de París, de Londres "y aun de Madrid". Toda Bélgica es una gran ciudad. Todo el mundo viaja con una facilidad extraordinaria. Frecuentemente se ve a una linda joven, "elegantemente vestida", penetrar en un coche del tren. Aun estando el carruaje lleno de hombres, no hay miedo de que nadie se desmande ni haga ni diga nada que pueda ofender o ruborizar a la viajera. "Lo que en un caso igual—es-

cribe Lafuente—sucedería en España, lo puede suponer
el curioso lector." De pronto el tren entra en un largo
y elevado viaducto. "Espectáculo raro" es entonces ver
el rápido convoy marchar por encima de los carruajes
que allá abajo pasan por los arcos del puente. Otras
veces el tren penetra en un túnel. "Imponente" es ese
momento. El ruido de la máquina junto con el estrépito de los coches, resuena hórridamente bajo la bóveda; sólo acá y allá una lucecita rompe la densa
oscuridad: pasan veloces en las tinieblas, rasgándolas,
las chispas y carbones desprendidos de la máquina...
Y, bruscamente, aparecen de nuevo la luz, el paisaje,
el campo ancho y libre. ¿Qué sensaciones más gratas,
más artísticas que éstas? Mesonero Romanos protes-
taba contra los "señores poetas" que, existiendo el
"asombroso espectáculo" de los caminos de hierro, afir-
man que "el siglo actual carece de poesía". Describe
Mesonero la poesía de los caminos de hierro en sus
diversas fases, ya de día, ya durante la noche. Encan-
taba ese espectáculo también a Lafuente. "Magnífico
y sorprendente cuadro—escribe—; mil veces aún más
interesante y más poético cuando se presencia en horas
avanzadas de una noche oscura." Sí; tienen una profunda poesía los caminos de hierro. Las tienen las
anchas, inmensas estaciones de las grandes urbes, con
su ir y venir incesante—vaivén eterno de la vida—de
multitud de trenes; los silbatos agudos de las locomotoras que repercuten bajo las vastas bóvedas de cristales; el barbotar clamoroso del vapor en las calderas;
el zurrir estridente de las carretillas; el tráfago de la
muchedumbre; el llegar raudo, impetuoso, de los veloces expresos; el formar pausado de los largos y brillantes vagones de los trenes de lujo que han de partir
un momento después; el adiós de una despedida inquebrantable, que no sabemos qué misterio doloroso ha de
llevar en sí; el alejarse de un tren hacia las campiñas

lejanas y calladas, hacia los mares azules. Tienen poesía
las pequeñas estaciones en que un tren lento se detiene
largamente, en una mañana abrasadora de verano; el
sol lo llena todo y ciega las lejanías; todo es silencio;
unos pájaros pían en las acacias que hay frente a la
estación; por la carretera polvorienta, solitaria, se aleja
un carricoche hacia el poblado, que destaca con su
campanario agudo, techado de negruzca pizarra. Tienen
poesía esas otras estaciones cercanas a viejas ciudades,
a las que en la tarde del domingo, durante el crepúsculo,
salen a pasear las muchachas y van devaneando lentamente, a lo largo del andén, cogidas de los brazos,
escudriñando curiosamente la gente de los coches. Tiene, en fin, poesía la llegada del tren, allá de madrugada,
a una estación de capital de provincia; pasado el primer momento del arribo, acomodados los viajeros que
esperaban, el silencio, un profundo silencio, ha tornado
a hacerse en la estación; se escucha el resoplar de la
locomotora; suena una larga voz; el tren se pone otra
vez en marcha; y allá, a lo lejos, en la oscuridad de
la noche, en estas horas densas, profundas de la madrugada, se columbra el parpadeo tenue, misterioso, de
las lucecitas que brillan en la ciudad dormida: una
ciudad vieja, con callejuelas estrechas, con una ancha
catedral, con una fonda destartalada, en la que ahora,
sacando de su modorra al mozo, va a entrar un viajero
recién llegado, mientras nosotros nos alejamos en el
tren por la campiña negra, contemplando el titileo de
esas lucecitas que se pierden y surgen de nuevo, que
acaban por desaparecer definitivamente.

* * *

En 1846 se publicó en Londres un libro titulado
Railways: their rise, progress and construction; with

remarks on railway accidents and proposals for their prevention. Su autor es el ingeniero Robert Ritchie. No podría encontrarse, para su época, un tratado más completo sobre ferrocarriles. "Los ferrocarriles—escribe Ritchie—removerán los prejuicios, y harán que unos a otros se conozcan mejor los miembros de la gran familia humana; tenderán así a promover la civilización y a mantener la paz del mundo." Cinco años después, en 1851, el mismo año en que se inauguraba el ferrocarril de Madrid a Aranjuez, se publicaba una *Guía* de esta última ciudad; la publicaba Francisco Nard. Lleva como apéndice esta *Guía*—dedicada a los viajeros del ferrocarril—un apéndice en que se hace la historia de los caminos de hierro, y especialmente la del novísimo de Madrid a Aranjuez. El autor canta entusiasmado las ventajas de los nuevos caminos. Sus resultados serán incalculables para las relaciones internacionales y para el bienestar de los pueblos. "A los caminos de hierro—dice el autor—debemos lo que hasta aquí no han podido conseguir ni los más profundos filósofos ni los diplomáticos más hábiles." Cuando en una semana se pueda recorrer toda Europa, conoceránse mejor los nacionales de todos los países, podrán unirse todos con otros vínculos distintos de los de una falaz diplomacia. Se establecerá entre todos una mancomunidad indisoluble de intereses, ideas y simpatías. "En fin —termina el autor—, será tan difícil hacer la guerra como es hoy mantenerse en la paz; y los pueblos, tendiéndose las manos, serán felices merced a los caminos de hierro."

No podían sospechar el ingeniero inglés y el escritor español—así como todos los que hablaban en el mismo sentido allá en el alborear de los caminos de hierro—, no podían sospechar, al hacer a los ferrocarriles propagadores de la paz universal, el alcance de sus palabras: alcance en sentido opuesto, negativo. Cuando ante el amago de una guerra—dice hoy el proletariado internacional—podamos hacer que cesen de marchar los trenes, la paz del mundo será un hecho. Los ferrocarriles serán la paz.

EL PRIMER FERROCARRIL
CASTELLANO

En 1837, Guillermo Lobé realizó un viaje de Cuba a los Estados Unidos; de los Estados Unidos pasó a Europa. En 1839, Lobé publicó en Nueva York su libro *Cartas a mis hijos durante un viaje a los Estados Unidos, Francia e Inglaterra*. Lobé estudió los ferrocarriles en los Estados Unidos; luego, en Europa. En otra ocasión hablaremos de esta interesantísima personalidad; antecesor tienen en ella los fervorosos europeizadores de hogaño. El 4 de noviembre de 1837, Guillermo Lobé fecha una de sus cartas—la XVI—en Manchester. Habla en ella de los caminos de hierro; su pensamiento va hacia España; a España desea verla "atravesada en todas direcciones por ferrocarriles; en paz, como hermanos, los habitantes de sus provincias"

Los deseos de Lobé no han de verse realizados sino bastantes años después. En 1844, el célebre matemático don Mariano Vallejo publicó un libro titulado *Nueva construcción de hierro*. No se refiere Vallejo a las nuevas máquinas locomotrices; a los trenes de vapor se alude en un apéndice que pone a su libro; pero a esta novísima tracción, prefiere nuestro autor la animal, modificada y facilitada por ingeniosos artificios.

* * *

Ya la idea de los trenes de vapor se había lanzado en España en 1830. En ese mismo año apareció impreso en Londres un *Proyecto de don Marcelino Calero y Portocarrero para construir un camino de hierro desde Jerez de la Frontera al Puerto de Santa María*. A esta memoria acompaña un mapa y un curioso dibujo. Llevan dibujo y mapa esta leyenda: "Hízolo con la pluma don Ramón César de Conti. Londres, 20 de octubre de 1829." Por primera vez, acaso, debía aparecer ante la generalidad de los españoles que contemplaran el dibujo aludido la imagen de un ferrocarril. Imagen casi microscópica, por cierto. El dibujante ha representado un pedazo de mar y un alto terrero en la costa. En el mar se ve un vapor con una alta y delgada chimenea; allá arriba, en la costa, se divisa, en el fondo, una fábrica que lanza negros penachos por sus humeros, y luego, acercándose al borde del acantilado, aparece una extraña serie de carruajes. Delante de todos está un diminuto y cuadrado cajón con una chimenea que arroja humo; luego vienen detrás otros cajoncitos separados por anchos claros—un metro o dos tal vez—y unidos por cadenas. Debajo de tan raro tren se divisa una raya sobre la que están puestas las ruedas de los vagones.

No tuvo realización el proyecto de don Marcelino

Calero; recuerde el lector que ese mismo año de 1830 se construía el primer ferrocarril inglés: el de Liverpool a Manchester. En Londres imaginaba su empresa el intrépido Calero. Han de transcurrir bastantes años antes que se vuelva a hablar en España de ferrocarriles. El 30 de mayo de 1845, el *Heraldo*—diario de Madrid—publicaba la siguiente noticia en su sección "Gacetillas de la capital": "Ha llegado a esta corte, procedente de Inglaterra, sir J. Walmsley, uno de los directores de la empresa del camino de hierro de Avila a León y Madrid, con objeto de dar impulso a los trabajos. Parece que a causa de haber vendido el promovedor de la empresa, Kelby, el privilegio de concesión a una casa inglesa por la suma de cuatro millones, que habían de figurar en el presupuesto de gastos, han mediado desavenencias entre las juntas de Madrid y Londres, desavenencias que han terminado por medio de una transacción." El mismo día, la *Gaceta* publicaba —basándose en noticias de un periódico francés—un artículo titulado "Caminos de hierro". Se dice en él que es preciso animar y dar facilidades a los extranjeros para que vengan a construirlos. Los caminos de hierro—se añade—no son un lujo. "Algunos espíritus timoratos pueden considerar los ferrocarriles como caminos de lujo." No lo son; pero debemos acomodar la obra a nuestras fuerzas. "No se pretenda construirlos con el lujo de perfección que han alcanzado en el norte de Europa." Cuatro grandes líneas españolas pide el articulista: cuatro líneas que crucen como inmensa aspa la península. Una de esas líneas habrá de ir de Bayona a Madrid; luego, otra de Madrid a Cádiz. La tercera sección comprenderá de Barcelona a Madrid; la cuarta, de Madrid a Portugal. Enlazadas con estas cuatro líneas, habrán de construirse numerosas ramificaciones.

La misma *Gaceta* publicaba el 22 de junio de 1945

esta nota entre las "Noticias nacionales": "Valladolid. 15 junio. Han pasado por esta ciudad, con dirección a esa corte, cinco ingenieros ingleses encargados de trazar el ferrocarril de Bilbao a Madrid, y aunque la rapidez del viaje no les ha permitido explorar detenidamente el terreno, aseguran, sin embargo, que no han encontrado dificultades insuperables, y que es muy posible la construcción de obra tan importante; el ferrocarril de Avilés está también trazado por esta ciudad; de modo que, si tan vastos proyectos llegan a realizarse, mejorará muy en breve el estado de este país, que sólo necesita para enriquecerse medios fáciles y económicos de exportar sus abundantes y excelentes producciones."

En 1845 apareció en Madrid una interesante revista literaria: *El Siglo Pintoresco*. Dirigía esta revista Navarro Villoslada; dibujaba en ella don Vicente Castelló, que tan lindas ilustraciones ha puesto a ediciones populares de Quevedo y Cervantes. En la viñeta que adorna el primer número de *El Siglo Pintoresco*—correspondiente al mes de junio—, vemos otra primitiva y extraña imagen, muy chiquita, de un ferrocarril. Figuran en la viñeta, como representaciones del trabajo y de los deportes, una imprenta, un jardín, una plaza de toros y ese microscópico tren. El tren lo componen un cajón alargado, con una chimenea humeante, puesta casi en la parte posterior, y detrás, seis vagoncitos que marchan por la tierra, sin que se vea señal ninguna de rieles. Saludemos esta remembranza absurda y remota de los viejos ferrocarriles. En el mismo número de *El Siglo Pintoresco* se leía en el balance mensual: "El mes que acaba de expirar ha visto nacer más empresas en España que todos los que han transcurrido desde la conclusión de nuestra guerra civil. Muchísimos capitalistas y mayor número de ingenieros extranjeros han visitado la capital; por todas partes se veían fisonomías desconocidas y talantes británicos, y toda la península se ha cubierto (en el papel, por supuesto) de una red complicadísima de ferrocarriles."

Al mes siguiente, en julio, el *Heraldo* del 3 publicaba en primera plana un artículo dedicado al camino de hierro de Francia a Madrid; a las "Corporaciones de Vizcaya" débese el proyecto de ese camino. Esas corporaciones han trazado el plan; han explorado la opinión; han recabado el auxilio de los capitalistas; finalmente, cuentan con el concurso del señor Mackenzie, "que él solo es una palanca poderosa, y, su nombre, una garantía de valor para la ejecución de la obra". Los capitalistas de Bilbao ayudan a los de Guipúzcoa. Una comisión de ingenieros ingleses, presidida por Mackenzie, ha trazado el proyecto de la línea y ha hecho los estudios preparatorios para su construcción. "El gobierno aún vacilaba en la construcción de esta línea, que ha sido igualmente solicitada por respetables casas extranjeras." ¿Fue alguna de estas casas la que mandó a Madrid sus ingenieros en otoño de 1845? El 18 de septiembre, la *Gaceta* publicaba una noticia en que se decía: "Ha llegado a esta corte el señor don Carlos Brumell, C. E., con una parte de los señores ingenieros pertenecientes a la Compañía del Camino Real de Hierro del Norte de España, dirigida por el señor don Jaime M. Kendel, F. R. S., vicepresidente del Instituto de los Ingenieros de Inglaterra, etc. Este señor ha dado principio a sus trabajos con la mayor actividad, estudiando las mejores líneas para el camino desde Madrid al norte." La noticia añade que dichos ingenieros han estudiado el terreno en el norte durante el pasado verano, y ahora se disponen a estudiarlo en las inmediaciones de Madrid. "Nos alegramos —termina el suelto— de poder felicitar a esta compañía por la excelente posición en que se halla, como también por el resultado de los enérgicos esfuerzos en esta obra grandiosa y nacional." Al día siguiente reprodujo el *Heraldo* la gacetilla; la reprodujo también *El Tiempo*. No dijeron nada los demás periódicos.

* * *

Quedó en proyecto el ferrocarril de Francia a Madrid. ¿Estaba aún demasiado vivo el recuerdo de las dos invasiones, la de 1808 y la de 1823? Tres años antes—en la sesión del 14 de marzo de 1842—se discutió en el senado la construcción de un camino ordinario de Pamplona, por el valle del Baztán, a Francia. Se opuso a ello un senador: el general Seoane; lo impugnó también el senador Castejón. "Imprevisión, e imprevisión muy grande—decía el general Seoane—fue la apertura del camino de Irún. España lo llora y Dios quiera que no lo llore en adelante." "Mi opinión constante—exponía González Castejón—ha sido que nunca, por ningún estilo, debían allanarse los Pirineos; antes, por el contrario, otros Pirineos encima son los que conviene poner." El señor Seoane, al rectificar, hablando del camino internacional que pudiera abrirse en Canfranc, decía rotundamente: "Yo, antes de dar mi voto para que se abriese, renunciaría el carácter de senador y la faja que tengo también." (Cuarenta años más tarde, en 1881, al tratar de unos ferrocarriles a través de los altos Pirineos, en un libro—de carácter militar—titulado *Perjuicios que a la defensa del territorio español pueden producir las comunicaciones al través del Pirineo central*, se había de estampar todavía que "es ventajoso todo lo que tiende a aislarnos" de Francia, y que, respecto a las puertas que en el Pirineo se han abierto, conviene cerrar algunas.)

No se construyó entonces el camino de hierro que había de unir a España con el resto de Europa. Hasta 1860 no estuvo terminada la línea de Francia a Madrid. En 1859 escribía don Arturo Marcoartú un estudio sobre el estado de la línea. Destinado estaba ese trabajo al *Almanaque político literario de "La Iberia" para el año bisiesto 1860.* Olózaga, Calvo Asensio, Sagasta, Núñez de Arce, García Gutiérrez, colaboraron en ese *Almanaque.* A fines de 1859 tenía la Compañía del Norte 650 kilómetros en construcción; 73 sin construir. El articulista augura la próxima terminación de la línea. "Cuando el solsticio estival—escribe—dore las agujas de la catedral de Burgos, altas nubes de vapor de las locomotoras rodearán sus afiligranados contornos, y el rojo resplandor de las calderas señalará las ignominiosas almenas de Santa María, que las ciudades comuneras alzaran al paso del tirano Carlos V."

* * *

Samuel Smiles nos cuenta en su *Story of the Life of George Stephenson* que el gran inglés estuvo en el norte de España en el otoño de 1845. Estudió allí el terreno para la construcción del ferrocarril de Francia a España. Trasladóse luego a Madrid y fue observando por el camino la topografía del trayecto. Venía Stephenson a España por encargo de sir Joshua Walmsley; proyectaba Walmsley construir la línea. En Madrid, Stephenson y los ingenieros que le acompañaban estuvieron unos días. El gobierno iba dando largas al asunto; un día y otro aplazaba el dar respuesta a lo que los comisionados demandaban. Se cansaban y aburrían Stephenson y sus compañeros. Fueron invitados a una corrida de toros, la eterna corrida. "Pero como eso no había sido precisamente el objeto del viaje—escribe con ironía Smiles—rehusaron cortésmente aquel honor." Stephenson y sus compatriotas se marcharon de España. No se construyó el ferrocarril.

Hemos visto que, según el *Heraldo* del 30 de marzo de 1845, en ese mes llegó a Madrid sir J. Walmsley. En septiembre, la *Gaceta, El Tiempo* y el mismo *Heraldo,* anunciaron la llegada de una comisión de ingenieros ingleses. Entre esos ingenieros debió de venir Jorge Stephenson; es decir, uno de los hombres más grandes del mundo moderno. No dicen más los periódicos de aquel otoño.

VENTAS, POSADAS Y FONDAS

E L duque de Rivas ha descrito en su cuadro *El ven-
tero* una de las clásicas ventas españolas. Estas
ventas—escribe el poeta—son "ya grandes y espaciosas, ya pequeñas y redondas; pero siempre de as-
pecto siniestro; colocadas, por lo general, en hondas
cañadas, revueltas y bosques". Se hallan puestas también en los altos puertos o pasos de las sierras. Hay en
España unos lugares desde donde la vista del viajante
fatigado descubre, después de una penosa subida, un
amplio, vasto, claro, luminoso panorama. Son los pasos
de las montañas. Las viejas guías los señalan con sus
pintorescos nombres y dan también la indicación de las
ventas colocadas en ellos. Ahí están, en la carretera
de Castilla a Galicia, el del Guadarrama, el de Manzanal

y el de Fuencebada; en Extremadura, el de Miravete y el de Arrebatacapas; en Andalucía, el de Lápice y el de Despeñaperros; en Murcia y Albacete, el de Suma-cárcel, el de la Losilla, el de la Mala Mujer y el de la Cadena; en Avila, el del Pico. Las ventas se llaman del Judío, del Moro, de las Quebradas, de los Ladrones. Tienen esas ventas—como las manchegas—un vasto patio delante; una ancha puerta, con un tejaroz, da entrada al patio; hay en él un pozo, con sus pilas de suelo verdinegro, de piedra areniscas, rezumante. En el fondo se destaca el portalón de la casa; en la vasta cocina, bajo la ancha campana de la chimenea, borbollan unos pucheros, dejando escapar un humillo tenue a intervalos, produciendo un leve ronroneo. En los días del verano—del ardiente verano de Castilla—el sol ciega con sus vivas reverberaciones el paisaje; en el patio de la venta suena de tarde en tarde la estridencia de la roldana del pozo; unas abejas se acercan a las pilas y beben ávidas, mientras su cuerpecillo vibra voluptuosamente.

Seguimos nuestro viaje a través de España y encontramos por andurriales y cotarros, ásperos y solitarios, otras ventas y paradores. Si unas están construidas en la altura luminosa de los puertos, otras se agrupan en angosturas; gollizos y cañadas hoscas y fuera de camino. Muchas de estas ventas han sido ha largo tiempo abandonadas; están cercanas a caminos y travesías que han sido hechos inútiles por carreteras nuevas y ferrocarriles. De estas ventas sólo quedan unas paredes tostadas por el sol, calcinadas; los techos se han hundido y se muestra roto el vigamen y podridos y carcomidos los cañizos. A algunas de estas ventas va unida una leyenda trágica; se habla de un crimen terrible, espantoso; uno de esos crímenes que se comentan largo tiempo, años y años, en un pueblo; crímenes cometidos con un hacha que hiende el cráneo, con una piedra que machaca el cerebro. El tiempo va pasando, se va esfumando, perdiendo en el olvido el horrible drama, y ahora, al pasar junto a estas ruinas de la venta, aquel recuerdo vago y sangriento se une a estos techos desprendidos, a estas vigas rotas y carcomidas, a estas ventanas vacías, sin maderas. No nos detengamos aquí; pasemos adelante; caminemos por un ancho, seco y arenoso ramblizo; a un lado y a otro descubrimos bajas laderas yermas y amarillentas; nuestros pies marchan sobre la arena de la rambla y los guijos redondeados y blancos. A lo lejos, cuando subimos a una altura, descubrimos la lejana ciudad: refulge el sol en la cúpula de su iglesia. La llanada que rodea el pueblo está verde a trechos con los trigales; negruzca, hosca, en otros en que la tierra de barbecho ha sido labrada. En los aledaños de la ciudades están los paradores para los trajineros que desean continuar su viaje, después del descanso, sin detenerse en el pueblo.

* * *

Las ventas tienen su significación en la literatura española y son inseparables del paisaje de España. Al hablar de las ventas, debemos hablar también de las posadas. Don Benito Pérez Galdós, en su novela *Ángel Guerra*, ha pintado un mesón toledano. Nada más castizo y de hondo sabor castellano. Un ancho zaguán, a manera de patio, es lo primero que se encuentra al penetrar en esa posada; a él abocan varias puertas. "Una de las puertas del fondo—dice Galdós—debía de ser la cocina, pues allí brillaba lumbre, y de ella salían humo y vapor de condimentos castellanos, la nacional olla, compañera de la raza en todo el curso de la historia, y el patriótico aceite frito, que rechaza las invasiones extranjeras." A la izquierda se ve una desvencijada escalera, entre tabiques deslucidos, que conduce a las habitaciones altas; por todo el piso del patio están espar-

cidos granzones que picotean las gallinas, y carros, con
los varales en alto, se hallan posados junto a las paredes, acá y allá. Las posadas llevan nombres tan castizos como los de las ventas. Repasemos el *Manual* de
Ford, publicado en 1845. En Toledo tenemos la posada
del Mirador; en Aranjuez, la de la Parra; en Cuenca,
la del Sol; en Mérida, la de las Ánimas; en Salamanca,
la de los Toros; en Zamora, la del Peto; en Ciudad
Rodrigo, la de la Colada; en Segovia, el Mesón Grande.
De este mesón dice el autor, en la edición de 1847, que
es *one of the worst in all Spain*, del mismo modo que
Laborde, al hablar en su *Itinerario*—1809—de la venta
Román, situada en tierra murciana, entre Jumilla y Pi-
noso, asegura que *est le plus facheux gite qu'on puisse
trouver*.

La variedad de las posadas se muestran pintorescas
y múltiples. Unas están en estrechas callejuelas: las
mismas callejuelas en que flamean las mantas multicolores en las puertas de los pañeros y en que resuenan
los golpes de los percoceros y orives. Otras se levantan
en las anchas plazas de soportales con arcos diformes,
irregulares, desiguales; unos, anchos; otros, angostos;
unos, altos y con columnas de piedra; otros, derren-
gados, con postes viejos de madera. Tal posada tiene un
balconcillo, con los cristales rotos, sobre la puerta; la
otra, tiene un zaguán largo y estrecho, empedrado de
puntiagudos guijarros. En los cuartos de las posadas
hay unas camas chiquititas y abultadas; las cubre un
alfamar rameado; en las maderas de las puertas se ven
agujeros tapados con papel, y las fallebas y armellas se
mueven a una parte y a otra y cierran y encajan mal. Se
percibe un olor de moho penetrante; allí, en un alto
corredor, canta una moza, y de una calleja vecina llega
el repiqueteo de una herrería...

* * *

No podemos cerrar este capítulo sobre las ventas y las posadas sin hablar de las fondas. Leopoldo Alas ha dedicado—en su novela *Superchería*—unas páginas a pintar una de estas fondas pequeñas y destartaladas de viejas ciudades. Destaca *Clarín* entre sus coetáneos por su idealidad, su delicadeza, su emoción honda ante las cosas. El personaje retratado por Alas en su novela llega a la fonda de la ciudad en un ómnibus desvencijado, de noche. "Un ómnibus con los cristales de las ventanillas rotos le llevó a trompicones por una cuesta arriba, a la puerta de un mesón que había que tomar por fonda. En el ancho y destartalado portal de la fonda no le recibió más personaje que un enorme mastín que le enseñaba los dientes gruñendo. El ómnibus le dejó allí solo, y se fue a llevar otros viajeros a otra casa. La luz de petróleo de un farol colgado del techo dibujaba en la pared desnuda la sombra del perro." Son clásicas esas llegadas a una fonda de noche, por las callejas sinuosas y oscuras, dando tumbos en un coche cuyos cristales hacen un traqueteo redoblante. Si es a la madrugada, la ciudad reposa en un profundo silencio; atrás—conforme caminamos hacia la ciudad—queda el resplandor de la estación, y el tren se aleja silbando agudamente. Todo está en silencio; en la fondita destartalada, un criado, con la blanca pechera ajada, dormita en una butaca. Hay en la pared un cartel de toros. Allá arriba se abre un pasillo, al cual dan las puertas de los cuartos. Se oye a lo lejos, en la serenidad de la noche, el campaneo—a menudas campanadillas—de un convento. Nos acostamos pensando: "¿Hacia dónde caerá la catedral de esta ciudad que desconocemos? ¿Habrá aquí un paseo con viejos y copudos olmos? ¿Habrá una vieja ermita junto al río, como la de San Segundo en Avila? ¿Habrá en una callejuela solitaria y silenciosa una tiendecilla de hierros viejos y cachivaches donde nos sentaremos un momento para descansar de nuestras caminatas?"

A la mañana siguiente examinamos la fondita destartalada, al levantarnos. El pasillo largo—embaldosado de ladrillos rojizos, algunos sueltos—da a una galería en la que se halla la camarilla excusada. En ella, lo mismo que en las habitaciones, los viajantes de comercio han ido pegando pequeños anuncios engomados: anuncios de coñacs, de jabones, de velas de cera, de quincallería, de vinos. Las puertas de la habitaciones tienen también, como en las posadas, agujeros y resquicios. Pende de la pared un cromo de colorines que representa el retrato de Isaac Peral o la torre Eiffel. Durante la noche, por el montante de la puerta, entra la luz del pasillo. A toda hora, de día y de noche, se perciben golpazos, gritos, canciones, arrastrar de muebles. Una charla monótona, persistente, uniforme, allá en el corredor, nos impide conciliar el sueño durante horas enteras. Muchas veces hemos pensado que el grado de sensibilidad de un pueblo—consiguientemente, de civilización—se puede calcular, entre otras cosas, por la mayor o menor intolerabilidad al ruido. ¿Cómo tienen sus nervios de duros y remisos estos buenos españoles que en sus casas de las ciudades y en los hoteles toleran las más estrepitosas baraúndas, los más agrios y molestos ruidos: gritos de vendedores, estrépito de carros cargados de hierro, charloteo de porteros, pianos, campanas, martillos, fonógrafos? A medida que la civilización se va afinando, sutilizando, deseamos en la vivienda permanente y en la vivienda transitoria—en las fondas—más silencio, blandura y confortación. ¡Oh fonditas destartaladas, ruidosas, de mi vieja España! En 1851 escribía don Antonio María Segovia en su *Manual del viajero*: "Nuestra rudeza menosprecia aquel refinamiento de comodidad doméstica que los ingleses, especialmente, han llevado a tan alto grado y llaman *confort*. Entre nosotros se tiene por delicadeza excesiva y ridícula el deseo de que no entre aire por las rendijas de las puertas; de que no estén

los muebles empolvados; de que las sillas y sofás sean
para sentarse y no como adorno de la sala; de que en
todas las estaciones se mantenga la habitación a una
temperatura conveniente; de que las chinches no inun-
den nuestra cama; de que la cocinera no esté cantando
seguidillas a voz en grito, mientras el huésped duerme o
trabaja; de que el criado no entre a servir suciamente
vestido, con el cigarro en la boca ni apestando a sudor."
¡Oh ventas, posadas y fonditas estruendosas y sórdidas
de mi vieja España!

LOS TOROS

E L poeta Arriaza ha pintado las capeas en los pueblos.
Nació Juan Bautista Arriaza en 1770; murió
en 1837. Fue un entusiasta absolutista; amaba fer-
vorosamente a Fernando VII. Compuso multitud de himnos, cantatas, epitalamios, brindis, inscripciones para
arcos triunfales, cartelas para ramilletes que eran presen-
tados a los reyes. Sus poesías fueron lindamente impresas en Londres; han pasado tan fugazmente los versos
como las circunstancias que los inspiraron. Sobre ese
montón de versos frágiles, carcomidos, ajado—al igual
que la percalina y los farolillos de papel—destaca el
lienzo en que el poeta pintaba la corrida en el pueblo.

¿Qué pueblo es? Vaciamadrid, Jadraque, Getafe,

Pinto, Córcoles. La llanura se extiende alrededor, seca, ardorosa, calcinada, polvorienta.

En los meses de marzo y agosto, súbitas tolvaneras se levantan en la llanada y corren vertiginosas a lo largo de los caminos. No hay ni árboles ni fontanas. La siega ha sido hecha; todo el campo está de un color amarillento, ocre. Llega la fiesta del patrón. En la plaza mayor han cercado las bocacalles con recias talanqueras y carromatos; llamean los cubrecamas rojos, encendidos, en los balcones. Se va a celebrar la corrida. Todos los mozos del pueblo se hallan congregados aquí, tienen los carrillos tostados y bermejos. En las ventanas asoman las beldades aldeanas: algunas redondas de faz, con las dos crenchas de pelo lucientes, achatadas; otras, de cara fina, aguileña, y ojos verdes, de un transparente maravilloso, verde; mozas que, en medio de esta rudeza, de esta tosquedad ambiente, tienen—acaso rezago secular—una delicadeza y señoría de ademanes, una melancolía e idealidad en la mirada que nos hace soñar un momento profundamente.

La corrida va a comenzar; el poeta da principio a su descripción. Hay un "grande alboroto"; se oyen voces de "Vaya y venga el boletín". Todos muestran ansias por sentarse precipitadamente en los tablones. Aparecen algunos soldados montados en rocines. Suena de pronto un clarín. Simón, el pregonero, se pone en medio de la plaza y principia a vocear: "¡Manda el rey!..." De pronto surge un torazo tremendo, iracundo, con los cuernos en alto. Se produce en la multitud de mozancones un movimiento de pánico; se retiran todos corriendo hacia las talanqueras; escalan los carromatos. Se levanta un ensordecedor clamoreo. El buey está en medio de la plaza, parado, inmóvil. Nadie se atreve a dejar las vallas; transcurren unos instantes. Vese luego adelantarse "un jaque presumido de ligero"; "zafio, torpe, soez, más traza tiene que de torero de mozo de cordel".

Poco a poco, pausadamente, con precauciones, se va acercando al toro. Súbitamente, antes que el toreador se le aproximase, el toro parte furioso contra él. Corre despavorido el truhán; en la multitud estallan aplausos irónicos, voces, carcajadas, silbidos. "¡Corre, que te pilla!", le grita uno. "¡Detente, bárbaro!", vocifera otro. El mozo perseguido por el toro no vuelve a salir a la plaza. Otra vez se encuentra solo el toro. Se llega luego hacia los carros y las vallas. "Desde allí, la tímida canalla, que se llena de valor cuando está a salvo", se ensaña bestialmente con el toro: le descargan tremendos garrotazos sobre la cabeza; le pinchan con moharras y navajas; lo detienen, cogiéndole por la cola. Los anchos y tristes ojos del animal miran despavoridos a todas partes.

Cuando logra desasirse de la muchedumbre, torna al centro de la plaza. Entonces sale a su encuentro "un malcarado pillo". Tiene "la vista atravesada", "se pone en jarras"; "escupe por el colmillo", y exclama: "Écheme acá ese animal." Corre el buey hacia él; muéstrale el bergante la capa; rápidamente el toro corre por un lado con el trapo rojo entre los cuernos, y el galopín, haciendo corcovos y piruetas, por otro... Resuena otra vez el clarín: el toro va a ser muerto o va a ser encerrado de nuevo. En este último caso, salen "el manso y el pastor de la vacada", y se llevan al mísero animal al toril..., "quedando otros más bueyes en la plaza".

Así termina el poeta. Lo que Arriaza no nos ha pintado son esas cogidas enormes en que un mozo queda destrozado, agujereado, hecho un ovillo, exangüe, con las manos en el vientre, encogido; esas cogidas al anochecer, acaso con un cielo lívido, ceniciento, tormentoso, que pone sobre la llanura castellana, sobre el caserío mísero de tobas y pedruscos, una luz siniestra, desgarradoramente trágica. Lo que no nos ha dicho son las reyertas, los encuentros sangrientos entre los mozos; las largas, clamorosas borracheras, de vinazo espeso, morado; el sedimento inextinguible que en este poblado de Castilla dejarán estas horas de brutalidad humana...

* * *

Don Eugenio de Tapia ha hecho que su musa arriscada y mordicante describa las corridas de toros. Nació Tapia en 1785; murió en 1866. Escribió una historia de la civilización española; compuso numerosas poesías satíricas. Figuran entre ellas las tituladas *La posada* y *El duende, la bruja y la inquisición*. En el breve volumen en que se publicó esta última va incluida la dedicada a los toros. Tenía Tapia un espíritu moderno, progresivo y liberal.

La corrida va a comenzar. No nos habléis de Londres, de Roma y de París; en ninguna de estas ciudades lidian toros. "¡Dichoso el que en Madrid puede gozar de función tan gloriosa!" No hay cosa más grata que uno de estos días de toros; "se come, se monta en un calesín y se va uno volando a la plaza". El redondel está lleno de gente. Empieza el despejo. "La plebe famélica y ruin" corre hacia las barreras. Sale la cuadrilla, "vistosa, dispuesta a morir". Aparece el alguacil para recoger la llave; se la echan y se marcha, entre los silbidos, el vocerío y las carcajadas del público. Suena el clarín: un toro sale impetuoso. Le espera *Sevilla*, el valiente—un picador—, y le da un lanzazo en la cerviz. "¡Qué aplausos!" No se ha visto nunca frenesí mayor. Al lado de este hecho, "¿qué valen las antiguas glorias del Cid?" Otro picador se adelanta hacia el toro; acomete el bruto; marca la lanzada; caen caballo y picador por tierra.

"El útil caballo, infeliz, inerme, expira en trágico fin." Montes se acerca al toro y se lo lleva tras su capa carmesí. El picador, "matón baladí", se mueve entonces "como una tortuga" y monta en otro caballo.

Salen los banderilleros y clavan sus palitroques en el pobre toro. Toca a muerte el ronco clarín. "Al triunfo glorioso va el jaque" con su estoque y su muleta. "¡Oh, buen matachín!" "¡Pedid que el cielo lo ampare!" Pero la suerte le es adversa; la primera estocada ha sido pésima. Se levanta en el público una tempestad de chiflidos. Todos le gritan "¡servil!" al torero; "la voz de la plebe es ladrar de mastín"; ayer le aplaudían todos; hoy le denostan y maltratan. No siempre el toro es un animal bravo; algunas veces se muestra reacio a los engaños de capas y muletas. En este caso, se le condena a fuego; los cohetes estallan; el toro va "bramando, brincando, de acá para allá". Salta la valla; "la turba de chulos y guapos que está gozando de cerca la lid nacional" se aturde, se atropella, huye despavorida. El toro, jadeante, extenuado, chorreando sangre, vuelve al redondel. Tornan a pincharle de nuevo. "¡Encono bestial!", exclama el poeta. Otras veces son los perros los que se encargan de excitar al mísero animal. Al fin, el toro expira. Aparecen las mulillas y se lo llevan. "La plebe" descansa y bebe a largos tragos.

"Dejadme—añade el poeta—; dejadme escapar. Ya basta." "No quiero más toros; me dan angustia." "¿Cómo podré yo gozar viendo al caballo, leal y sumiso, pisarse sus propias entrañas?" "Españoles, compatriotas —termina el poeta—, adiós; me marcho a Tetuán; quiero ver mejor moras que no matar toros."

* * *

A principios del siglo XIX hizo dos viajes a España Roberto Semple; era Roberto Semple un viajero inglés curioso y sencillo. Sus libros están escritos con agudeza y discreción. La primera vez que vino a nuestra patria—1807—no pudo ver una función de toros. Tampoco pudo verla en la primavera de 1809, cuando por segunda vez vino a España. Pero visitó en Granada la plaza de toros. En el volumen *A second journey in Spain in tre sprin of 1809,* nos ha relatado sus impresiones. Acompañaba al viajero en su vista el guardador del edificio. Mostraban la tal persona, conforme iba enseñando la plaza al inglés, un ardoroso entusiasmo. En el palco regio estaba colocado un retrato de Fernando VII. Al pasar el conseje frente a él, se quitó respetuosamente el sombrero y hasta se arriesgó a besarle la mano a la pintura: *and even ventured to kiss the hand with great demostration of loyalty and submission.* El viajero inglés examinó la plaza, y ante las repetidas muestras de caluroso entusiasmo que el conserje hacía a la vista, no del espectáculo, sino simplemente del sitio donde el espectáculo se celebraba, reconoció que no se explicaba él tal fervorosa efusión. Si Roberto Semple hubiera presenciado una corrida de toros, es posible que tampoco hubiera podido explicarse el entusiasmo desbordante de millares y millares de españoles.

UNA CIUDAD Y UN BALCÓN

> No me podrán quitar
> el dolorido sentir...
>   GARCILASO.

ENTREMOS en la catedral; flamante, blanca, acabada de hacer está. En un ángulo, junto a la capilla en que se venera la virgen de la quinta angustia, se halla la puertecilla del campanario. Subamos a la torre; desde lo alto se divisa la ciudad y toda la campiña. Tenemos un maravilloso, mágico catalejo: descubriremos con él hasta los detalles más diminutos. Dirijámoslo hacia la lejanía: allá, por los confines del horizonte, sobre unos lomazos redondos, ha aparecido una manchita negra; se remueve, levanta una tenue polvareda, avanza. Un tropel de escuderos, lacayos y pajes es, que acompaña a un noble señor. El caballero marcha en el centro de su servidumbre; ondean al viento las plumas multicolores de su sombrero; brilla el puño de la espada; fulge sobre su pecho una firmeza de oro. Vienen todos a la ciudad; bajan ahora de las colinas y entran en la vega. Cruza la vega un río: sus aguas son rojizas y lentas; ya sesga en suaves meandros, ya se embarranca en hondas hoces. Crecen los árboles tupidos en el llano. La arboleda se ensancha y asciende por las alturas inmediatas. Una ancha vereda—parda entre la verdura—parte de la ciudad y sube por la empinada montaña de allá lejos. Esa vereda lleva los rebaños del pueblo, cuando declina el otoño, hacia las cálidas tierras de Extremadura. Ahora las mesetas vecinas, la llamada de la vega, los alcores que bordean el río, están llenos de blancos carneros, que sobre las pedrerías forman como grandes copos de nieve.

De la lana y el cuero vive la diminuta ciudad. En las márgenes del río hay un obraje de paños y unas tenerías. A la salida del pueblo—por la Puerta Vieja—se desciende hasta el río; en esa cuesta están las tenerías. Entre las tenerías se ve una casita medio caída, medio arruinada; vive en ese chamizo una buena vieja—llamada Celestina—que todas las mañanas sale con un jarrillo desbocado y lo trae lleno de vino para la comida, y que luego va de casa en casa, en la ciudad, llevando agujas, gorgueras, garvines, ceñideros y otras bujerías para las mozas. En el pueblo, los oficiales de mano se agrupan en distintas callejuelas; aquí están los tundidores, perchadores, cardadores, arcadores, perailes; allá, en la otra, los correcheros, guarnicioneros, boteros, chicarreros. Desde que quiebra el alba, la ciudad entra en animación; cantan los perailes los viejos romances de Blancaflor y del Cid—como cantan los cardadores de Segovia en la novela *El donado hablador*—; tunden los paños los tundidores; córtanle con sus sutiles tijeras el pelo los perchadores; cardan la blanca lana los cardadores; los chicarreros trazan y cosen zapatillas y chapines; embrean y trabajan las botas y cueros en que se ha de encerrar el vino y el aceite, los boteros. Ya se han despertado las monjas de la pequeña monjía que hay en el pueblo; ya tocan las campanitas cristalinas. Luego, cuando avance el día, estas monjas saldrán de su convento, devanearán por la ciudad, entrarán y saldrán en las casas de los hidalgos, pasarán y tornarán a pasar por las calles. Todos los oficiales trabajan en las puertas y en los zaguanes. Cuelga de la puerta de esta tiendecilla la imagen de un cordero; de la otra, una olla; de la de más allá, una estrella. Cada mercader tiene su distintivo. Las tiendas son pequeñas, angostas, lóbregas.

A los cantos de los perailes se mezclan en estas horas de la mañana las salmodias de un ciego rezador. Conocido es en la ciudad; la oración del justo juez, la de san Gregorio y otras muchas va diciendo por las casas con voz sonora y lastimera; secretos sabe para toda clase de dolores y trances mortales; un muchachuelo le conduce; la malicia y la inteligencia brillan en los ojos del mozuelo. En las tiendecillas se ven las caras finas de los judíos. Pasan por las callejas los frailes con sus estameñas blancas o pardas. La campana de la catedral lanza sus largas campanadas. Allá, en la orilla del río, unas mujeres lavan y carmenan la lana.

(Se ha descubierto un nuevo mundo; sus tierras son inmensas; hay en él bosques formidables, ríos anchurosos, montañas de oro, hombres extraños, desnudos y adornados con plumas. Se multiplican en las ciudades de Europa las imprentas; corren y se difunden millares de libros. La antigüedad clásica ha renacido; Platón y Virgilio han vuelto al mundo. Florece el tronco de la vieja humanidad.)

En la plaza de la ciudad se levanta un caserón de piedra; cuatro grandes balcones se abren en la fachada.

Sobre la puerta resalta un recio blasón. En el primer
balcón de la izquierda se ve sentado en un sillón un
hombre; su cara está pálida, exangüe, y remata en una
barbita afilada y gris. Los ojos de este caballero están
velados por una profunda tristeza; el codo lo tiene el
caballero puesto en el brazo del sillón y su cabeza descansa en la palma de la mano...

* * *

Le sucede algo al catalejo con que estábamos observando la ciudad y la campiña.

No se divisa nada; indudablemente se ha empañado
el cristal. Limpiémosle. Ya está claro; tornemos a mirar.
Los bosques que rodeaban la ciudad han desaparecido.
Allá, por aquellas lomas redondas que se recortan en el
cielo azul, en los confines del horizonte, ha aparecido
una manchita negra; se remueve, avanza, levanta una
nubecilla de polvo. Un coche enorme, pesado, ruidoso,
es; todos los días, a esta hora, surge en aquellas colinas,
desciende por las suaves laderas, cruza la vega y entra
en la ciudad. Donde había un tupido boscaje, aquí en
la llana vega, hay ahora trigales de regadío, huertos,
herreñales, cuadros y emparrados de hortalizas; en las
caceras, azarbes y landronas que cruzan la llanada, brilla
el agua que se reparte por toda la vega desde las re-
presas del río. El río sigue su curso manso como antaño.
Ha desaparecido el obraje de paños que había en sus
orillas; quedan las aceñas que van moliendo las maqui-
las como en los días pasados. En la cuesta que asciende
hasta la ciudad no restan más que una o dos tenerías, la
mayor parte del año cerradas. No encontramos ni rastro
de aquella casilla medio derrumbada en que vivía una
vieja que todas las mañanas salía a por vino con un
jarrico y que iba de casa en casa llevando chucherías
para vender.

En la ciudad no cantan los perailes. De los oficios viejos del cuero y de la lana, casi todos han desaparecido; es que ya por la ancha y parda vereda que cruza la vega no se ve le muchedumbre de ganados que antaño pasaban a Extremadura. No quedan más que algunos boteros en sus zaguanes lóbregos; en las callejas altas, algún viejo telar va marchando todavía con su son rítmico. La ciudad está silenciosa; de tarde en tarde pasa un viejo rezador que salmodia la oración del justo juez. Los caserones están cerrados. Sobre las tapias de un jardín surgen las cimas agudas, rígidas, de dos cipreses. Las campanas de la catedral lanzan—como hace tres siglos— sus campanadas lentas, solemnes, clamorosas.

(Una tremenda revolución ha llenado de espanto al mundo; millares de hombres han sido guillotinados; han subido al cadalso un rey y una reina. Los ciudadanos se reúnen en parlamento. Han sido votados y promulgados unos códigos en que se proclama que todos los humanos son libres e iguales. Vuelan por todo el planeta muchedumbre de libros, folletos y periódicos.)

En el primero de los balcones de la izquierda, en la casa que hay en la plaza, se divisa un hombre. Viste una casaca sencillamente bordada. Su cara es redonda y está afeitada pulcramente. El caballero se halla sentado en un sillón; tiene el codo puesto en uno de los brazos del asiento y su cabeza reposa en la palma de la mano. Los ojos del caballero están velados por una profunda, indefinible tristeza...

* * *

Otra vez se ha empañado el cristal de nuestro catalejo; nada se ve. Limpiémoslo. Ya está; enfoquémoslo de nueva hacia la ciudad y el campo. Allá en los confines del horizonte, aquellas lomas que destacan sobre el cielo diáfano han sido como cortadas con un

65

cuchillo. Las rasga una honda y recta hendidura; por esa hendidura, sobre el suelo, se ven dos largas y brillantes barras de hierro que cruzan una junto a otra, paralelas, toda la campiña. De pronto aparece en el costado de las lomas una manchita negra; se mueve, adelanta rápidamente, va dejando en el cielo un largo manchón de humo. Ya avanza por la vega. Ahora vemos un extraño carro de hierro con una chimenea que arroja una espesa humareda, y detrás de él una hilera de cajones negros con ventanitas; por las ventanitas se divisan muchas caras de hombres y mujeres. Todas las mañanas surge en la lejanía este carro negro con sus negros cajones; despide penachos de humo, lanza agudos silbidos, corre vertiginosamente y se mete en uno de los arrabales de la ciudad.

El río se desliza manso, con sus aguas rojizas; junto a él—donde antaño estaban los molinos y el obraje de paños—se levantan dos grandes edificios; tienen una elevadísima y sutil chimenea; continuamente están llenando de humo denso el cielo de la vega. Muchas de las callejas del pueblo han sido ensanchadas; muchas de aquellas callejitas que serpenteaban en entrantes y salientes—con sus tiendecillas—son ahora amplias y rectas calles, donde el sol calcina las viviendas en verano y el vendaval frío levanta cegadoras polvaredas en invierno. En las afueras del pueblo, cerca de la Puerta Vieja, se ve un edificio redondo, con extensas graderías llenas de asientos y un círculo rodeado de un vallar de madera en medio. A la otra parte de la ciudad se divisa otra enorme edificación, con innumerables ventanitas; por la mañana, a mediodía, por la noche, parten de ese edificio agudos, largos, ondulantes sones de cornetas. Centenares de lucecitas iluminan la ciudad durante la noche: se encienden y se apagan ellas solas.

(Todo el planeta está cubierto de una red de vías férreas; caminan veloces por ellas los trenes; otros vehículos—también movidos por sí mismos—corren vertiginosos por campos, ciudades y montañas. De nación a nación se puede transmitir la voz humana. Por los aires, etéreamente, de continente en continente, van los pensamientos del hombre. En extraños aparatos se remonta el hombre por los cielos; a los senos de los mares desciende en unas raras naves y por allí marcha; de las procelas marinas, antes espantables, se ríe ahora, subido en gigantescos barcos. Los obreros de todo el mundo se tienden las manos por encima de las fronteras.)

En el primer balcón de la izquierda, allá en la casa de piedra que está en la plaza, hay un hombre sentado. Parece abstraído en una profunda meditación. Tiene un fino bigote de puntas levantadas. Está el caballero sentado, con el codo puesto en uno de los brazos del sillón y la cara apoyada en la mano. Una honda tristeza empaña sus ojos...

* * *

¡Eternidad, insondable eternidad del dolor! Progresará maravillosamente la especie humana; se realizarán las más fecundas transformaciones. Junto a un balcón, en una ciudad, en una casa, siempre habrá un hombre con la cabeza, meditadora y triste, reclinada en la mano. No le podrán quitar el dolorido sentir.

LA CATEDRAL

DURANTE la dominación romana—ochenta años antes de la era de Cristo—se levantaba en la pequeña ciudad un vasto y sólido edificio de tres naves: era un gimnasio público y una casa de baños. En las aguas, frías o templadas, de las piscinas, sumergían sus cuerpos recios mozos y bellas jóvenes; acaso, en aquellas estancias, algún romano, ya pasada la juventud, cansado, fatigado, expatriado de Roma, amigo de la poesía y de las estatuas, recitaría un fragmento de Virgilio:

Hos ego digrediens lacrimis adfabar abortis:
Vivite felices, quibus est Fortuna peracta
Jam sua: nos alia ex aliis in fata vocamur.

El maestro fray Luis de León, en su traducción de *La eneida,* ha puesto así en castellano este pasaje: "Yo, desviándome, les hablaba sin poder detener las lágrimas, que se me venían a los ojos: Vivid dichosos, que ya vuestra fortuna se acabó; mas a nosotros, unos hados malos nos traspasan a otros peores..."

El edificio de los baños era recio, sólido; un rey godo lo hizo su palacio dos siglos después; otro rey, en 915, dedicó a iglesia este palacio suyo y de sus antecesores. En la nave central puso el altar de nuestra señora; en las laterales, el de los apóstoles y el de san Juan Bautista. El año 996, Almanzor entró en la ciudad; hizo estragos su bárbara gente. Destruyeron el caserío, arrasaron las murallas, demolieron el templo. A Córdoba regresó el caudillo con las lámparas de la iglesia. Reedificó la iglesia en el año 1002 el obispo Fruminio; a la piadosa obra consagró sus riquezas; en torno del viejo edificio—ahora restaurado—edificó viviendas para los canónigos, que entonces hacían vida regular. Hasta fines del siglo XII duró la nueva edificación. Florecía ya en Europa en este tiempo el airoso arte gótico; otro obispo, Ordoño, quiso levantar un templo de traza gótica en el propio emplazamiento del antiguo. Reinaba entonces don Alfonso IX y doña Berenguela. Trazó el proyecto de la catedral el maestro Diego de Prado; cien años duraron las obras.

La catedral era fina y elegante. Se perfilaban sus torres en el cielo limpio y azul: en los días de lluvia, los canes, dragones, lobos y hombrecillos corcovados de las gárgolas, arrojaban por sus fauces un raudal de agua que bajaba formando un arco hasta chocar ruidosamente en el suelo. A mediados del siglo XIV ya hubo que reformar las fachadas de mediodía y poniente: al levantar un sillar se encontró debajo un rodillo de madera, olvidado allí cien años antes. La fachada del norte era la más segura; no la azotaban los ventarrones huracanados; se extendía más por este lado la población; arrancaba de aquí una callejuela poblada de correcheros, guarnicioneros, boteros, chicarreros. En 1564 se construyó en la fachada principal—la del mediodía—el ático, en el cual se representa la anunciación de nuestra señora. Cuarenta años más tarde se echó de ver que la bóveda crucera se hallaba grandemente resentida; los cuatro gruesos pilares centrales se habían ido separando y torciendo. Achacábase por las gentes su curvatura a intrépido artificio de alarifes: viose después que se debía a flaqueza de los cimientos.

La catedral no tenía cúpula; la tenían otras catedrales. Quisieron el cabildo y la ciudad que no faltase este primor a su iglesia; comenzóse en 1608 a construir una cúpula. Las obras se suspendieron en 1612. Acabadas las vísperas, una tarde de 1752—el 25 de julio, día de Santiago—se derrumbó de pronto la capilla del niño perdido; hacía tiempo que la pared exterior tenía un desplome hacia afuera de seis pulgadas. Ocurrió en 1775 el formidable terremoto de Lisboa; el estremecimiento de la tierra se extendió a larguísima distancia. Se quebró el rosetón de luces de la fachada; abriéronse en la fábrica de la catedral numerosas hendiduras; datan de entonces multitud de pequeñas reparaciones. En 1780, el obispo don Juan García Echano rehízo la antigua puerta de los monos; desaparecieron unas esculturas de esos animales—en actitudes algo procaces—; echóse abajo todo lo antiguo; se colocó en su lugar una puerta de la más limpia traza grecorromana, en pugna con la catedral entera. Fué el obispo Echano, varón piadosísimo, de una inagotable y angélica caridad; no reparaba, encendido por divinas llamas, en las materialidades del arte. En 1830, un rayo destrozó una vidriera; quitáronse entonces otras y se tapiaron varios ventanales.

* * *

La catedral es fina, frágil y sensitiva. Tiene en su fachada principal dos torres; mejor diremos, una; la otra está sin terminar; un tejadillo cubre el ancho cubo de piedra. Tres son sus puertas: la de Chicarreros, la del perdón y la del obispo Echano. Sus capillas llevan denominaciones varias: la del niño perdido, la de los Esquiveles, la de Monterón, la de la quinta angustia, la del consuelo, la de la sagrada mortaja. En la capilla del consuelo está enterrado Mateo Fajardo, eminente jurisconsulto, autor de las *Flores de las leyes*. La capilla del Monterón es del renacimiento; la mandó labrar don Gil González Monterón; costó la obra 32.000 maravedís. En la pared hay una inscripción que dice: "Esta obra la mandó hacer don Gil González Monterón, adelantado de Castilla, señor de Nebreda; acabóla su hijo don Luis Ossorio, marqués de los Cerros, año 1530, a 15 de marzo." En el suelo, en medio del recinto, se lee sobre una losa de mármol, que cierra un sepulcro, debajo de una calavera y dos tibias cruzadas: "Aquí viene a parar la vida." En la capilla de los Esquiveles están enterrados don Cristóbal de Esquivel y varios descendientes suyos. Se halló don Cristóbal de Esquivel en la conquista de Arauco, allá por 1553; su mujer fue de las que, entre todos los moradores atemorizados, abandonaron la ciudad de la Concepción, amenazada por las tropas salvajes. Ercilla cuenta—en versos admirables—cómo las mujeres huían por los cerros y vericuetos, aterrorizadas, "sin chapines, por el lodo, arrastrando a gran priesa las faldas". Vueltos a España don Cristóbal y su mujer, hicieron la fundación de esta capilla.

La sacristía es alargada, angosta. El techo, de bóveda, está artesonado con centenares, millares de mascarones de piedra; no hay dos caras iguales entre tanta muchedumbre de rostros; tiene cada uno su pergeño particular: son unos jóvenes y otros viejos; unos de mujer y otros de hombre; unos angustiados y otros ledos. Se guardan en la sacristía casullas antiguas, capas pluviales, sacras, bandejas, custodias. Una de las casullas es del siglo XIII y está bordada de hilillos de oro—en elegante y caprichosa tracería—, sobre fondo encarnado. Causóle tal admiración a Castelar, en una visita que éste hizo a la catedral, y tales grandilocuentes encomios hizo de esta pieza el gran orador, que desde entonces se llama a esta casulla *la de Castelar*. Se guarda también en la sacristía el pectoral de latón y tosco vidrio del virtuoso obispo Echano.

El archivo está allá arriba; hay que ascender por una angosta escalera para llegar a él; después se recorren varios pasillos angostos y oscuros; se entra, al fin, en una estancia ancha, con una gran cajonería de caoba. Allí, en aquellos estantes, duermen infolios y cuadernos de música. Las ventanas se abren junto al techo. Una gruesa mesa destaca en el centro. La estera es de esparto crudo. Se goza allí de un profundo silencio; nada turba el reposo de la ancha cámara.

En la catedral hay falsas, sobrados y desvanes llenos de trastos viejos, pedazos de tablas pintadas, bambalinas, bastidores de un túmulo que se levantó en los funerales de un obispo. Crece un alto ciprés y varios laureles y rosales en el huertecillo del claustro. En el claustro se halla la capilla de la blanca; se dice que en una tabla del altar, ahora abandonado, roto, polvoriento—estaban retratados, a los lados de la virgen, los reyes católicos. Los hierbajos han invadido el jardín del claustro; los gorriones pían estridentes durante el día; cuando llega la noche y comienzan a brillar las primeras estrellas, salen de los mechinales los murciélagos y van revolando con sus vuelos callados y tortuosos.

* * *

La catedral es fina, frágil y sensitiva. La dañan los

vendavales, las sequedades ardorosas, las lluvias, las nieves. Las piedras areniscas van deshaciéndose poco a poco; los recios pilares se van desviando; las goteras aran en los muros huellas hondas y comen la argamasa que une los sillares. La catedral es una y varia a través de los siglos; aparece distinta en las diversas horas del día; se nos muestra con distintos aspectos en las varias estaciones. En los días de espesas nevadas, los nítidos copos cubren los pináculos, arbotantes, gárgolas, creste- rías, florones; se levanta la catedral entonces, blanca, sobre la ciudad blanca. En los días de lluvia, cuando las canales de las casas hacen un ruido continuado en las callejas, vemos vagamente la catedral a través de una cortina de agua. En las noches de luna, desde las lejanas lomas que rodean la ciudad, divisamos la torre de la catedral destacándose en el cielo diáfano y claro. Muchos días del verano, en las horas abrasadoras del mediodía, hemos venido con un libro a los claustros silenciosos que rodean el patio: el patio con su ciprés y sus rosales.

* * *

¿No habéis visto esas fotografías de ciudades espa- ñolas que en 1870 tomó Laurent? Ya esas fotografías están casi desteñidas, amarillentas; pero esa vetustez les presta un encanto indefinible. Una de esas vistas panorámicas es la de nuestra ciudad; se ve una exten- sión de tejadillos, esquinas, calles, torrecillas, solanas, cúpulas; sobre la multitud de edificaciones heteróclitas, descuella airosa la catedral. De entre algunos muros, en ese paisaje urbano, sobresalen copas de árboles planta- dos en algunos patios. Fijándonos bien, veremos en esa fotografía la fachada de una alta casa. La parte pos- terior de esa edificación tiene una galería ancha, con una barandilla de madera. Una recia puerta, con ventanas chiquitas de cristales, da a la galería. Desde ella se columbran una porción de tejados, de ventanas lejanas, y en el fondo, la torre de la catedral. En las salas vastas de la casa, en los pasillos baldosados con ladrillos rojos, resuena una tosecita seca, cansada, de cuando en cuando, y todas las mañanas, al abrir la ventana de la galería, unos ojos contemplan la torre de la catedral. Allí donde está la catedral, donde se hallan sepultados guerreros y teólogos, dos mil años antes un romano acaso recitara unos versos de Virgilio:

Hos ego digrediens lacrimis adfabar abortis...

(Yo, desviándome, les hablaba sin poder detener las lágrimas que se me venían a los ojos: Vivid dichosos, que ya vuestra fortuna se acabó; mas a nosotros unos hados malos nos traspasan a otros peores.)

EL MAR

Un poeta que vivía junto al Mediterráneo ha plañido a Castilla porque *no puede ver el mar*. Hace siglos, otro poeta—el autor del *Poema del Cid*—llevaba a la mujer y a las hijas de Rodrigo Díaz desde el corazón de Castilla a Valencia; allí, desde una torre, las hacía contemplar—seguramente por primera vez—el mar.

Miran Valençia como iaze la çibdad,
E del otra parte a oio han el mar.

No puede ver el mar la solitaria y melancólica Castilla. Está muy lejos el mar de estas campiñas llanas, rasas, yermas, polvorientas; de estos barrancales pedregosos; de estos terrazgos rojizos, en que los aluviones torrenciales han abierto hondas mellas; de estas quiebras aceradas y abruptas de las montañas; de estos mansos alcores y terrenos, desde donde se divisa un caminito que va en zigzag hasta un riachuelo. Las auras marinas no llegan hasta estos poblados pardos, de casuchas deleznables, que tienen un bosquecillo de chopos junto al ejido. Desde la ventanita de este sobrado, en lo alto de la casa, no se ve la extensión azul y vagarosa; se columbra allá en una colina una ermita con los cipreses rígidos, negros, a los lados, que destacan sobre el cielo límpido. A esta olmeda, que se abre a la salida de la vieja ciudad, no llega el rumor rítmico y ronco del oleaje: llega en el silencio de la mañana, en la paz azul del mediodía, el cacareo metálico, largo, de un gallo, el golpear sobre el yunque de una herrería. Estos labriegos secos, de faces polvorientas, cetrinas, no contemplan el mar: ven la llanada de las mieses; miran, sin verla, la largura monótona de los surcos en los bancales. Estas viejecitas de luto, con sus manos pajizas, sarmentosas, no encienden, cuando llega el crepúsculo, una luz ante la imagen de una virgen que vela por los que salen en las barcas; van por las callejas pinas y tortuosas a las novenas, miran al cielo en los días borrascosos y piden, juntando sus manos, no que se aplaquen las olas, sino que las nubes no despidan granizos asoladores.

No puede ver el mar la vieja Castilla: Castilla, con sus vetustas ciudades, sus catedrales, sus conventos, sus callejuelas llenas de mercaderes, sus jardines encerrados en los palacios, sus torres con chapiteles de pizarra, sus caminos amarillentos y sinuosos, sus fonditas destartaladas, sus hidalgos que no hacen nada, sus muchachas que van a pasear a las estaciones, sus clérigos con los balandranes verdosos, sus abogados—muchos abogados, infinitos abogados—, que todo lo sutilizan, enredan y confunden. Puesto que desde esta ventanita del sobrado no se puede ver el mar, dejad que aquí, en la vieja ciudad castellana, evoquemos el mar. Todo está en silencio: allá, en una era del pueblo, se levanta una tenue polvareda; luego, más lejos, aparece la sierra, baja, hosca, sin árboles, sin viviendas. ¿Cómo es el mar? ¿Qué dice el mar? ¿Qué se hace en el mar? Recordemos, como primera visión, las playas largas, doradas y solitarias: una faja de verdura se extiende, dentro, en la tierra, paralela al mar; el mar se aleja inmenso, azul, verdoso, pardo, hacia la inmensidad; una banda de nubecillas redondeadas parece posarse sobre el agua en la línea remotísima del horizonte. Nada turba el panorama. La suave arena se aleja a un lado y a otro hasta tocar en dos brazos de tierra que se internan en el agua; las olas vienen blandamente a deshacerse en la arena; pasa en lo alto, sobre el cielo azul, una gaviota.

* * *

Cambiamos de evocación. No estamos ya de día junto al mar. Ahora es de noche; el poblado está remoto; apenas si se percibe una lucecita en la lejanía. El mar se halla frente a nosotros, no le vemos apenas; sabemos que aquí, a nuestros pies, en lo hondo de este acantilado, comienza la extensión infinita. Pero percibimos el rumor ronco, incesante, de las olas que se estrellan contra las peñas. En la negrura del firmamento brillan luceros. Pasarán siglos, pasarán centenas de siglos: estas estrellas enviarán sus parpadeos de luz a la tierra; estas aguas mugidoras chocarán espumajeantes en las rocas: la noche pondrá su oscuridad en el mar, en el cielo, en la tierra. Y otro hombre, en la sucesión perenne del tiempo, escuchará absorto, como nosotros ahora, el rumor de las olas y contemplará las luminarias eternas de los cielos. En la noche, junto al mar, es también visión profunda, henchida de emoción, la de los faros: faros que se levantan en la costa sobre una colina;

faros que surgen, mar adentro, por encima de las aguas, asentados en un arrecife batido por las olas. En la noche, los faros nos muestran su ojo luminoso, ya permanente, ya con intermitencias de luz y oscuración. ¿Qué ojos verán desde la inmensidad negra esos parpadeos? ¿Qué sensaciones despertarán en quienes caminan de la tierra nativa hacia lejanos países?

* * *

De la noche tornemos otra vez al mediodía radiante. Ya no paseamos sobre la arena de una suave playa. Nos hallamos en lo alto de una montaña; sus laderas son suaves y gayas de verdura. Lejos está el tráfago y la febrilidad de la urbe; hemos escapado a nuestras inquietudes diarias. Gozamos de este mundo de paz y de mar ancho. Inmenso se despliega ante nuestra mirada: no es el claro Mediterráneo, es el turbulento y misterioso Atlántico. Las laderas del monte acaban en unos peñascales; una aguda retinga se destaca de la costa y entra en el mar; las olas corren sobre su lomo, van, vienen, hierven, se deshacen en nítidos espumarajos. Ese movimiento tumultuoso se presenta a nuestros ojos contrastando con la quietud, la inmovilidad del mar allá en la lejanía. Su color es vario a trechos: azulado, terroso, verde, pardo, glauco; una banda de color de acero divide un vasto manchón azul. Allá, en los confines del horizonte, aparece un puntito que va dejando tras de sí, en el cielo, un rastro negro. Al cabo de un minuto ha desaparecido; las olas, al pie de la montaña, se encrespan, chocan con las rocas, se deshacen en blanca espuma.

* * *

Y atraídas por estas evocaciones, surgen otras. Vemos los puertos populosos cuajados de barcos de todos los tamaños y de todas las naciones, con el boscaje de sus velámenes, con las proas tajantes, con las recias chimeneas; en el ambiente se respira un grato olor a brea; van y vienen por los muelles hileras de carros; rechinan las grúas y las gruesas cadenas de hierro. Un vapor se mueve lentamente hacia el mar libre; resuenan tres espaciados toques de sirena; un rato después el barco se pierde a lo lejos, entre el cielo y el mar. Vemos las calas plácidas y los surgideros tranquilos de los pequeños pueblos; los freos o canales angostos, que penetran entre dos montañas tierra adentro: los médanos o bancos de arena, que se dilatan en suaves veriles, hasta perderse bajo el agua límpida, transparente; las mañanas turbias en que todo es gris: el cielo, las aguas, la tierra, y en que nuestro espíritu se hinche de grises añoranzas; los días de furibundas tormentas—tan soberbiamente pintadas por Ercilla—, en que el vendaval dobla los árboles de las colinas, salta el agua sobre los acantilados, se abren profundos senos, súbitamente, en là mar, se levantan las aguas a increíbles alturas, baten las olas, bajo un cielo negro, los arrecifes de la costa.

...Las hinchadas olas rebramaban
en las vecinas rocas quebrantadas.

* * *

Pero nuestras evocaciones han terminado; desde las lejanas costas volveremos a la vieja ciudad castellana. Por la ventanita de este sobrado columbramos la llanura árida, polvorienta; el aire es seco, caliginoso. Suenan las campanadas lentas de un convento. Castilla no puede ver el mar.

LAS NUBES

CALIXTO y Melibea se casaron—como sabrá el lector, si ha leído *La celestina*—a pocos días de ser descubiertas las rebozadas entrevistas que tenían en el jardín. Se enamoró Calixto de la que después había de ser su mujer un día que entró en la huerta de Melibea persiguiendo un halcón. Hace de esto dieciocho años. Veintitrés tenía entonces Calixto. Viven ahora marido y mujer en la casa solariega de Melibea; una hija les nació, que lleva, como su abuela, el nombre de Alisa. Desde la ancha solana que está a la parte trasera de la casa, se abarca toda la huerta en que Melibea y Calixto pasaban sus dulces coloquios de amor. La casa es ancha y rica; labrada escalera de piedra arranca de lo hondo del zaguán. Luego, arriba, hay salones vastos, apartadas y silenciosas camarillas, corredores penumbrosos, con una puertecilla de cuarterones en el fondo que, como en *Las meninas,* de Velázquez, deja ver un pedazo de luminoso patio. Un tapiz de verdes ramas y piñas gualdas sobre fondo bermejo cubre el piso del salón principal: el salón, donde en cojines de seda, puestos en tierra, se sientan las damas. Acá y allá destacan silloncitos de cadera, guarnecidos de cuero rojo, o sillas de tijera con embutidos mudéjares; un contador con cajonería de pintada y estofada talla, guarda papeles y joyas; en el centro de la estancia, sobre la mesa de nogal, con las patas y las chambranas talladas, con fiadores de forjado hierro, reposa un lindo juego de ajedrez con embutidos de marfil, nácar y plata; en el alinde de un ancho espejo refléjanse las figuras aguileñas, sobre fondo de oro, de una tabla colgada en la pared frontera.

Todo es paz y silencio en la casa. Melibea anda pasito por cámaras y corredores. Lo observa todo; acude a todo. Los armarios están repletos de nítida y bien oliente ropa, aromada por gruesos membrillos. En la despensa, un rayo de sol hace fulgir la ringla de panzudas y vidriadas orcitas talaveranas. En la cocina son espejos los artefactos y cacharros de azófar que en la espetera cuelgan, y los cántaros y alcarrazas obrados por la mano de curioso alcaller en los alfares vecinos, muestran, bien ordenados, su vientre redondo, limpio y rezumante. Todo lo previene y a todo ocurre la diligente Melibea; en todo pone sus dulces ojos verdes. De tarde en tarde, en el silencio de la casa, se escucha el lánguido y melodioso son de un clavicordio: es Alisa que tañe. Otras veces, por los viales de la huerta, se ve escabullirse calladamente la figura alta y esbelta de una moza: es Alisa que pasea entre los árboles.

La huerta es amena y frondosa. Crecen las adelfas a par de los jazmineros; al pie de los cipreses inmutables ponen los rosales la ofrenda fugaz—como la vida—de sus rosas amarillas, blancas y bermejas. Tres colores llenan los ojos en el jardín: el azul intenso del cielo, el blanco de las paredes encaladas y el verde del boscaje. En el silencio se oye—al igual de un diamante sobre un cristal—el chiar de las golondrinas que cruzan raudas sobre el añil del firmamento. De la taza de mármol de una fuente cae deshilachada, en una franja, el agua. En el aire se respira un penetrante aroma de jazmines, rosas y magnolias. "Ven por las paredes de mi huerto", le dijo dulcemente Melibea a Calixto hace dieciocho años.

* * *

Calixto está en el solejar, sentado junto a uno de los balcones. Tiene el codo puesto en el brazo del sillón, y la mejilla reclinada en la mano. Hay en su casa bellos cuadros; cuando siente apetencia de música, su hija Alisa le regala con dulces melodías; si de poesía siente ganas, en su librería puede coger los más delicados poetas de España e Italia. Le adoran en la ciudad; le cuidan las manos solícitas de Melibea; ve continuada su estirpe, si no en un varón, al menos, por ahora, en una linda moza, de viva inteligencia y bondadoso corazón. Y, sin embargo, Calixto se halla absorto, con la cabeza reclinada en la mano. Juan Ruiz, el arcipreste de Hita, ha escrito en su libro:

...et crei la fablilla
que dis: Por lo pasado no estés mano en mejilla.

No tiene Calixto nada que sentir del pasado; pasado y presente están para él al mismo rasero de bienandanza. Nada puede conturbarle ni entristecerle. Y, sin embargo, Calixto, puesta la mano en la mejilla, mira pasar a lo lejos, sobre el cielo azul, las nubes.

Las nubes nos dan una sensación de inestabilidad y de eternidad. Las nubes son—como el mar—siempre va-

rias y siempre las mismas. Sentimos, mirándolas, cómo
nuestro ser y todas las cosas corren hacia la nada, en
tanto que ellas—tan fugitivas—permanecen eternas. A
estas nubes que ahora miramos, las miraron hace doscientos, quinientos, mil, tres mil años, otros hombres con
las mismas pasiones y las mismas ansias que nosotros.
Cuando queremos tener aprisionado el tiempo—en un
momento de ventura—vemos que han pasado ya sema-
nas, meses, años. Las nubes, sin embargo, que son siempre distintas, en todos momento, todos los días, van
caminando por el cielo. Hay nubes redondas, henchidas
de un blanco brillante, que destacan en las mañanas de
primavera sobre los cielos traslúcidos. Las hay como
cendales tenues, que se perfilan en un fondo lechoso.
Las hay grises sobre una lejanía gris. Las hay de carmín
y de oro en los ocasos inacabables, profundamente me-
lancólicos, de las llanuras. Las hay como velloncitos
iguales e innumerables, que dejan ver por entre algún
claro un pedazo de cielo azul. Unas marchan lentas, pausadas; otras pasan rápidamente. Algunas, de color de
ceniza, cuando cubren todo el firmamento, dejan caer
sobre la tierra una luz opaca, tamizada, gris, que presta
su encanto a los paisajes otoñales. Siglos después de este
día en que Calixto está con la mano en la mejilla, un
gran poeta—Campoamor—habrá de dedicar a las nubes
un canto en uno de sus poemas titulado *Colón*. Las
nubes—dice el poeta—nos ofrecen el espectáculo de la
vida.

La existencia, ¿qué es sino un juego de nubes? Diríase que las nubes son "ideas que el viento ha conden-
sado"; ellas se nos representan como un "traslado del
insondable porvenir". "Vivir—escribe el poeta—es *ver*
pasar: ver pasar, allá en lo alto, las nubes. Mejor diría-
mos: vivir es *ver volver*. Es ver volver todo en un re-
torno perdurable, eterno; ver volver todo—angustia, ale-
grías, esperanzas—, como esas nubes que son siempre

distintas y siempre las mismas, como esas nubes fugaces e inmutables.

Las nubes son la imagen del tiempo. ¿Habrá sensación más trágica que aquella de quien sienta el tiempo, la de quien vea ya en el presente el pasado y en el pasado lo por venir?

* * *

En el jardín, lleno de silencio, se escucha el chiar de las rápidas golondrinas. El agua de la fuente cae deshilachada por el tazón de mármol. Al pie de los cipreses se abren las rosas fugaces, blancas, amarillas, bermejas. Un denso aroma de jazmines y magnolias embalsama el aire. Sobre las paredes de nítida cal resalta el verde de la fronda; por encima del verde y del blanco se extiende el añil del cielo. Alisa se halla en el jardín, sentada, con un libro en la mano. Sus menudos pies asoman por debajo de la falda de fino contray; están calzados con chapines de terciopelo negro, adornados con rapacejos y clavetes de bruñida plata. Los ojos de Alisa son verdes, como los de su madre; el rostro, más bien alargado que redondo. ¿Quién podría contar la nitidez y sedosidad de sus manos? Pues de la dulzura de su habla, ¿cuántos loores no podríamos decir?

En el jardín todo es silencio y paz. En lo alto de la solana, recostado sobre la barandilla, Calixto contempla extático a su hija. De pronto, un halcón aparece revolando rápida y violentamente por entre los árboles. Tras él, persiguiéndole, todo agitado y descompuesto, surge un mancebo. Al llegar frente a Alisa, se detiene absorto, sonríe y comienza a hablarle.

Calixto lo ve desde el carasol y adivina sus palabras. Unas nubes redondas, blancas, pasan lentamente, sobre el cielo azul, en la lejanía.

LO FATAL

Lo primero que se encuentra al entrar en la casa—lo ha contado el autor desconocido de *El lazarillo*—es un patizuelo empedrado de menudos y blancos guijos. Las paredes son blancas, encaladas. Al fondo hay una puertecilla. Franqueadla : veréis una ancha pieza con las paredes también blancas y desnudas. Ni tapices, ni armarios, ni mesas, ni sillas. Nada ; todo está desnudo, blanco y desierto. Allá arriba, en las anchas cámaras, no se ven tampoco muebles ; las ventanas están siempre cerradas ; nadie pone los pies en aquellas estancias ; por las hendiduras y rendijas de las maderas—ya carcomidas y alabeadas—entran sutilísimos hilillos de claridad vivísima que marcan, en las horas del sol, unas franjas luminosas sobre el pavimento de ladrillos rojizos. Cerradas están, asimismo, en lo más alto de la casa, las ventanas del sobrado. Un patinillo, en que crecen hierbajos verdes entre las junturas de las losas, se abre en el centro de la casa.

Por la mañana, a mediodía y al ocaso, resuenan leves pisadas en las estancias del piso bajo. Hablan un hidalgo y un mozuelo. El hidalgo se halla sentado en un poyo del patio; el mozuelo, frente a él, va comiendo unos mendrugos de pan que ha sacado del seno. Tanta es la avidez con que el rapaz yanta, que el hidalgo sonríe y le pregunta si tan sabroso, tan exquisito es el pan que come. Asegura el muchacho que de veras tales mendrugos son excelentes, y entonces el hidalgo, sonriendo como por broma—mientras hay una inenarrable amargura allá en lo más íntimo de su ser—le toma un mendrugo al muchachito y comienza a comer.

Ya las campanas de la catedral han dejado caer sobre la vieja y noble ciudad las sonorosas, lentas campanadas del mediodía. Todo es silencio y paz; en el patio, allá en lo alto, entre las cuatro nítidas paredes, fulge un pedazo de intenso cielo azul. Viene de las callejas el grito lejano de un vendedor; torna luego más denso, más profundo, el reposo. El hidalgo, a media tarde, se ciñe el talabarte, se coloca sobre los hombros la capa y abre la puerta. Antes ha sacado la espada—una fina, centelleante, ondulante espada toledana—y la ha hecho vibrar en el aire, ante los ojos asombrados, admirativos, del mozuelo. Cuando nuestro hidalgo se pone en el umbral, se planta la mano derecha en la cadera, y con la siniestra puesta en el puño de la espada comienza a andar, reposada y airosamente, calle arriba. Los ojos del mozuelo le siguen hasta que desaparece por la esquina; este rapaz siente por su señor un profundo cariño. Sí, él sabe que es pobre; pero sabe también que es bueno, noble, leal, y que si las casas y palomares que tiene allá en Valladolid, en lugar de estar caídos estuvieran en buen estado, su amo podría pasearse a estas horas en carroza, y su casa podría estar colgada de ricos tapices y alhajas con soberbios muebles.

* * *

Hace de esto diez años. El rico caballero, que ahora aquí, en Valladolid, aposentado en ancho y noble caserón, habitaba una mezquina casa en Toledo. No había en ella ni tapices ni muebles; un cantarillo desbocado y un cañizo con una manta componían todo el menaje. El hidalgo no podía pagar el modesto alquiler; un día, entristecido, abandonó la ciudad a sombra de tejados. Paso tras paso vino a Valladolid. Le favoreció la fortuna; un pariente lejano dejóle por heredero de una modesta hacienda. Ya con caudal bastante, el hidalgo pudo restaurar las casas caídas y poner en cultivo las tierras abandonadas. En poco tiempo su caudal aumentó considerablemente; era activo, perseverante. Su afabilidad y discreción encantaban a todos. Mostrábase llano y bondadoso con los humildes, pero no transigía con los grandes y soberbios. "Un hidalgo—decía él frecuentemente—no debe a otro que a Dios y al rey nada." Por encontrarse en la calle un día con otro hidalgo y no querer quitarse el sombre antes que él, tuvo un disgusto, años atrás, que le obligó a ausentarse de la ciudad.

La casa en que ahora habita el caballero es ancha y recia. Tiene un zaguán con un farolón en el centro, anchas cámaras y un patio. La despensa se halla provista de cuantas mantenencias y golosinas pueda apetecer el más delicado lamiznero, y en las paredes del salón, en panoplias, se ven las más finas y bellas espadas que hayan salido de las forjas toledanas. Pero ni de la mesa puede gozar el buen hidalgo, ni para el ejercicio de las armas están ya sus brazos y sus piernas. Diríase que la fortuna ha querido mofarse extraña y cruelmente de este hombre. Desde hace algunos años, conforme la hacienda aumentaba prósperamente, la salud del hidalgo se iba tornando más inconsistente y precaria. Poco a poco el caballero adelgazaba y quedábase amarillo y exangüe; llovían sobre él dolamas y alifafes. Una tristeza profunda velaba sus ojos. Años enteros había pasado allá, en el patizuelo toledano, conllevando—con algún mozuelo que le servía de criado—la rigurosa estrechez; su dignidad, su sentido del honor, el puntillo imperecedero de la honra, le sostenían y alentaban. Ahora, al verse ya rico, morador de una casa ricamente abastada, no podía gozar de estas riquezas, entre las que él paseaba, que estaban al alcance de su mano. ¿Para qué esas espadas? ¿Para qué el alazán que abajo, en la caballeriza, piafaba reciamente de impaciencia? ¿Para qué esta plata labrada—bernegales, bandejas y tembladeras—puesta en los aparadores de tallado nogal? ¿Para qué la carroza pintada en que él pudiera ir a los sotos del río, en las mañanas claras de mayo, cuando las tapadas van en recuesta de algún galán dadivoso y convidador?

Ni los más experimentados físicos aciertan a decidir lo que el hidalgo tiene. Muchos le han visitado; por estas salas han desfilado graves doctores con sus gruesos anillos y sus redondos anteojos guarnecidos de concha. Multitud de mixturas, jarabes, lenitivos, aceites y pistajes han entrado en su cuerpo o han embadurnado sus miembros. Nada ha contrastado el misterioso mal. El caballero cada vez está más pálido, más ojeroso y más débil. No duerme; a veces, en la noche, a las altas horas, en esas horas densas de la madrugada, el ladrido de un perro—un ladrido lejano, casi imperceptible—le produce una angustia inexpresable.

* * *

Tiene don Luis de Góngora un extraño soneto en que

lo irreal se mezcla a lo misterioso: uno de esos sonetos del gran poeta en que parece que se entreabre un mundo de fantasmagoría, de ensueño y de dolor. El poeta habla de un ser a quien no nombra ni de quien nos da señas ningunas. Ese hombre de quien habla Góngora anda por el mundo, descaminado, peregrino, enfermo; no sale de las tinieblas; por ellas va pisando con pie incierto. Todo es confusión, inseguridad, para ese peregrino. De cuando en cuando da voces en vano. Otras veces, a lo largo de su misteriosa peregrinación, oye a lo lejos el latir de un can.

> "Repetido latir, si no vecino,
> distinto oyó de can, siempre despierto..."

¿Quién es ese hombre que el poeta ha pintado en sus versos? ¿Qué simbolismo angustioso, trágico, ha querido expresar Góngora al pintar a ese peregrino, lanzando voces en vano y escuchando el ladrido de ese perro lejano, siempre despierto? Una honda tristeza hay en el latir de esos perros, lejanos, muy lejanos, que en las horas de la noche, en las horas densas y herméticas de la madrugada, atraviesan por nuestro insomnio calenturiento, desasosegado, de enfermos; en esos ladridos casi imperceptibles, tenues, que los seres queridos que nos rodean en esos momentos de angustia escuchan inquietos, íntimamente consternados, sin explicarse por qué.

Nuestro hidalgo escucha en la noche este latir lejano del can, siempre despierto. Cuando la aurora comienza a blanquear, un momentáneo reposo sosiega sus nervios.

* * *

Después de ocho años de este continuo sufrir, un día quiso nuestro caballero ir a Toledo; le llevaba el deseo de visitar a su antiguo criado—el buen Lázaro—, ahora ya casado, holgadamente establecido. Entonces fue cuando un pintor hizo su retrato. Se cree generalmente que no fue otro ese pintor sino Domenico Theotocópuli, llamado *el Greco*. Puede serlo; dignos son del gran maestro el retrato con la cara huida, alargada; una barbilla rala le corre sobre la nítida gorguera; en lo alto de la frente tiene unos mechoncillos cenicientos. Sus ojos están hundidos, cavernosos, y en ellos hay—como en quien ve la muerte cercana—un fulgor de eternidad.

LA FRAGANCIA DEL VASO

En el mesón que en Toledo tenía *el Sevillano* y su mujer había una linda moza llamada Constanza. No era hija de los mesoneros; teníanla, sin embargo, los mesoneros por hija. Un día se descubrió que los padres de la muchacha eran unos nobles señores. Salióse Constanza del mesón; casóse con un rico mancebo; fuese a vivir a Burgos.

Ningún aposentamiento para viandante había en Toledo más apacible que el mesón de *el Sevillano*. Lo que siglos más tarde habían de ser unos mesones fastuosos llamados grandes hoteles, eso era entonces—relativamente—la posada del *Sevillano* y su mujer. La plata labrada que se guardaba en la casa "era mucha". Si en otros paradores los arrieros y almocrebes veíanse pre-

cisados a ir al río para dar de beber a las bestias, aquí
podían abrevarlas en anchos barreños puestos en el patio.
Numerosa y diligente era la servidumbre; mozos de ce-
bada, mozos de agua, criadas, fregonas, iban y venían
por el patio y los altos corredores. El tráfago del mesón
era continuo y bullicioso. Venían aquí a aposentarse caballeros, clérigos, soldados, estudiantes. Veíase una sota-
na de seda junto a la ropilla pintoresca de un capitán;
las plumas bermejas, verdes y gualdas de un airón, ro-
zaban las negras tocas de una dueña. Un grave oidor
que había descendido de una litera, entraba apoyándose
en un bastón de muletilla; poco después surgía un militar
que hacía sonar en el empedrado el hierro de sus es-
puelas. Rezaba silencioso en su breviario un clérigo, y
de un cuarto, allá arriba, se escapaban las carcajadas de
unos soldados que departían sobre lances de amor, o
sonaban en el tablero los dados con que unos estudiantes
jugaban. Ni hora del día ni de la noche había quieta;
ni un momento estaba cerrada la puerta de la casa.
Sonaban sobre los cantos del patio, lo mismo a la madrugada que al ocaso, las pisadas recias y acompasadas de
los caballos; igual al mediodía que a prima noche, se
escuchaban en toda la casa los gritos e improperios de
un hidalgo que denostaba a un criado—estos criados
socarrones de Tirso y de Lope—por su haronía y su
beodez. La vida, varia y ancha, pasaba incesantemente
por el mesón del *Sevillano*. Allí estaba lo que más ávidamente amamos: lo pintoresco y lo imprevisto.

Admirada por todos era la hacendosa Constancica.
Desde muy lejos acudían a verla. No daba la moza
aires a nadie; corrían a la par su honestidad y su hermosura. La admiración y el respeto que los huéspedes
sentían por ella era motivo de envidia de las demás
criadas. Al frente de la servidumbre femenil se ponía,
en esta común ojeriza, la Argüello, una moza recia y
cuarentona. Era la Argüello "superintendente de las

camas", y en retozos con los huéspedes, trapisondas y rebullicios se metía ella y metía a las demás criadas del mesón.

* * *

Han pasado veinticinco años. La historia la cuenta Cervantes en *La ilustre fregona*. Quince años tenía Constanza cuando salió del mesón; cuarenta tiene ahora. Dos hijos le han nacido del matrimonio; uno tiene veinticuatro años; otro, veinte; uno de ellos está en Nápoles sirviendo en la casa del virrey; el otro se halla en Madrid gestionando un cargo para América.

Constanza ha embarnecido algo con la edad. Es alta, de cara aguileña y morena. Los años han puesto en su rostro una ligera y suave sotabarba. Ninguna ama de casa la supera en diligencia y escrupulosidad. Con el alba se levanta, antes que sus criados estén en pie. No deja rincón que no escudriñe ni pieza de ropa que no repase. Cuando no está labrando unas camisas, devana unas madejas de lana en el argadillo; si no se halla bruñendo algún trebejo en la cocina, se ocupa seguramente en confeccionar alguna delicada golosina. En el arte coquinario es maestra; hace guisados y pringotes de sabrosos mojes; salpresa exquisitamente los tocinos y lomos; no tienen rival los pestiños, hormigos y morcones que ella amasa. Una actividad incesante y febril la lleva de un lado para otro; ni un momento está quieta. A las labranderas que vienen a coser la ropa blanca no les quita ojo; se entiende con los ropavejeros que se llevan las estrazas y trastos viejos de la casa; llama al lañador, que lanza su grito en la calle, y le recomienda la soldadura de un barreño o un tinajón; hace observaciones al arcador que en el patio de la casa sacude con su corvada vara la lana de unos colchones.

97

La vida de una pequeña ciudad tiene su ritmo acompasado y monótono. Todos los días, a las mismas horas, ocurre lo mismo. Si habéis pasado vuestra niñez y vuestra adolescencia en el tráfago y el bullicio, mal os acomodaréis a la existencia uniforme, gris, de una vieja casa en una vieja ciudad. Hagáis lo que hagáis, no podréis engañaros; sea cualquiera lo que arbitréis para ilusionaros a vosotros mismos, siempre se os vendrá al espíritu el recuerdo de aquellos pintorescos y bulliciosos días pasados. Por la mañana, en la ciudad vetusta, las campanas de la catedral dejan caer sus graves campanadas; a las campanadas de la catedral se mezclan las campanaditas cristalinas, argentinas de los distintos y lejanos conventos. Un mostraquero echa su pregón en la calle desierta. Luego, un ermitaño pide su limosna: "¡Den, por Dios, para la lámpara de la señora santa Lucía, que les conserve la vista!" Más tarde, un buhonero lanza desde la puerta su grito: "¿Compran trenzaderas, randas de Flandes, holanda, cambray, hilo portugués?" Un mes sucede a otro; los años van pasando; en invierno, las montañas vecinas se tornan blancas; en verano, el vivo resplandor del sol llena las plazas y callejas; las rosas de los rosales se abren fragantes en la primavera; caen lentas, amarillas, las hojas en el otoño... De tarde en tarde, Constanza recuerda los años pasados, allá en su mocedad, en el mesón del *Sevillano*.

Hace algunos años, una carta venida de Toledo le hizo saber que el dueño del mesón había muerto; algún tiempo más tarde murió también su mujer.

* * *

De los dos hijos de Constanza, el que está en Madrid pretendiendo un cargo para pasar a América, ha logrado su deseo. El marido de Constanza ha marchado a la corte; un mes después, se pone también Constanza en camino para despedir a su hijo. Antes de llegar a Madrid ha querido Constanza pasar por Toledo para visitar el mesón. El mesón del *Sevillano* ha perdido ya su antiguo nombre; otras posadas de Toledo le disputan su antigua clientela. Todo está igual que antes; en el centro, el patio, empedrado de menudos guijarros; una techumbre sostenida por viejas columnas sin plinto, lo rodea; luego, arriba, se abre la galería repechada por unas barandillas de madera. Constanza ha penetrado en el patio; su primera impresión ha sido profundamente extraña: todo es más reducido y más mezquino de lo que ella veía con los ojos del espíritu. Nadie la conoce en la casa ni mozo alguno de los que en su tiempo servían permanecen en el mesón.

—¿Qué se hizo de la Argüello?—pregunta Constanza.

Es ésta la única persona, entre la antigua servidumbre, de quien los nuevos dueños pueden dar razón. Cuando Constanza vivía en la posada, tenía la Argüello cuarenta y cinco años; ahora tiene setenta. Todos los días viene a pedir limosna; se halla ciega y sorda. Solórzano, el cosario de Illescas, murió; también murió el licenciado Román Quiñones, cura de Escalona, tan afable y decidor, que todos los meses venía a Toledo y paraba en el mesón.

Platicando estaba Constanza con el mesonero y su mujer, cuando ha penetrado lentamente por el zaguán una vieja encorvada, apoyada en un palo, vestida con unas tocas negras. Camina esta viejecita a tientas, dando con el cayado en el suelo, extendiendo de cuando en cuando la mano izquierda.

—Venid acá, madre—le ha dicho la mesonera, cogiéndola de la mano—. ¿Acordáisos de Constancica, la que servía en el mesón hace veinticinco años?

La viejecita no entendía nada. Ha repetido a gritos su pregunta la mesonera:

—¿Eh, eh? ¿Constancica, dice vuestra merced?

—Cierto, cierto, Constancica. Agora ha llegado...

La vieja no comprendía nada; al cabo de un rato de vanos esfuerzos, se ha marchado, tan lentamente como ha venido, apoyada en su palo.

* * *

Dos meses después, Constanza está otra vez en Burgos. Todas las horas de todos los días son lo mismo; todos los días, a las mismas horas, pasan las mismas cosas. Las campanas dejan caer sus campanadas; el mostranquero echa su pregón; un buhonero se acerca a la puerta y ofrece su mercadería. Si hemos pasado en nuestra mocedad unos días venturosos en que lo imprevisto y lo pintoresco nos encantaban, será inútil que queramos tornarlos a vivir. Del pasado dichoso sólo podemos conservar el recuerdo; es decir, la fragancia del vaso.

CERRERA, CERRERA...

Espléndidamente florecía la universidad de Salamanca en el siglo XVI. Diez o doce mil estudiantes cursaban en sus aulas durante la segunda mitad de esa centuria. Hervían las calles, en la noble ciudad, de mozos castellanos, vascos, andaluces, extremeños. A las parlas y dialectos de todas las regiones españolas mezclábanse los sonidos guturales del inglés o la áspera ortología de los tudescos. Resonaban por la mañana a la tarde los patios y corredores con las contestaciones acaloradas de los ergotizantes, las carcajadas, los gritos, el ir y venir continuo, trafagoso, sobre las anchas losas. Reposterías y alojerías rebosaban de gente; abundaban donilleros que cazaban incautos jóvenes para los solapados garitos; iban de un lado a otro, pasitos y cautas, las viejas cobejeras, con su rosario largo y sus alfileres, randas y lanas para hilar. Los mozos ricos tenían larga asistencia de criados, mayordomos y bucelarios, que revelaban el atuendo y riqueza de sus casas—tales como nos lo ha pintado Vives en sus *Diálogos latinos*—. Vivían estrechamente los pobres: con tártagos mortales esperaban la llegada, siempre remisa, del cosario con los dineros; arbitrios y trazas peregrinas ideaban para socorrerse en los apuros; las cajas de los confiteros escamoteaban; las espadas empeñaban o malvendían; a pedazos llegaban a hacer los muebles y con ellos se calentaban; en mil mohatras y empeños usurarios se metían, hartos ya de apelar a toda clase de recursos. Ricos y pobres se juntaban como buenos camaradas, en los holgorios y rebullicios. No pasaba día sin que alguna tremenda travesura no se comentara en la ciudad; cosa corriente eran las matracas y cantaletas dadas a algún hidalgo pedantón y espetado; choques violentos había cada noche con las justicias que trataban de impedir una música; en las pruebas por que se hacían pasar a los estudiantes novicios, agotábase el más cruel ingenio.

Cursaba en la Universidad, allá por la época de que hablamos, un mozo de una ciudad manchega. No gustaba del bullicio. Su casa la tenía en una callejuela desierta, a la salida de la ciudad, cerca del campo. Vivía con una familia de su propia tierra nativa. Aposentábase en lo alto de la casa; su cuarto daba a una galería con barandal de hierro. Desde ella se divisaba, en la lontananza, por encima de muchedumbre de tejados, torrecillas y lucernas, la torre de la catedral, que se destacaba en el cielo. De entre las paredes de un patio lejano sobresalían las cimas agudas, cimbreantes, de unos cipreses. Muchas veces, nuestro estudiante pasábase horas enteras de pechos sobre la barandilla, contemplando la torre sobre el azul, o viendo pasar, lentas o rápidas, las blancas nubes. Y allí, más cerca, resaltando en lo pardo de las techumbres, aquellas afiladas copas de los cipreses que desde la prisión de un patio se elevaban hacia el firmamento ancho y libre, eran como una concreción de sus anhelos y sus aspiraciones.

Rara vez aportaba por las aulas de la universidad nuestro escolar. Sobre su mesa reposaban, cubiertos de polvo, siempre quietos, las *Sumas* y *Digestos*; iban y venían de una a otra mano, en cambio, los ligeros volúmenes de Petrarca, de Camoens y de Garcilaso. Largas horas pasaba el mancebo en la lectura de los poetas y en la contemplación del cielo. De cuando en cuando, un amigo y coterráneo suyo, venía a verle, y juntos devaneaban por la ciudad y sus aledaños. Les placía en esas correrías a los dos amigos escudriñar todos los rincones y saber de todas las beldades de la ciudad; entusiastas de la poesía en los libros, uno y otro, amaban también férvidamente la poesía viva de la hermosura femenina o la del espectáculo del campo. Luego, cuando ya habían apacentado sus ojos de tal manera, volvía cada cual a sus meditaciones, y nuestro amigo, solo otra vez, se ponía de pechos, largos ratos, sobre la barandilla, o iba gustando—lejos de las áridas aulas—la regalada música de Garcilaso o de Petrarca.

Un día, nuestro amigo, en una de sus peregrinaciones, vio una linda muchacha. Nadie, entre sus camaradas, la conocía. Era una moza alta, esbelta, con la cara aguileña. Su tez era morena, y sus ojos negros tenían fulgores de inteligencia y de malicia. Como quien entra súbitamente en un mundo desconocido, quedóse el estudiante a la vista de tal muchacha. Fue su pasión violenta y reconcentrada: pasión de solitario y de poeta. Vivía la moza con una tía anciana y dos criados. Súpose luego a luego que sus lances y quiebras habían sido varios en distintas ciudades castellanas. No reparó el estudiante en nada; no retrocedió ante la pasada y aventurera historia de la moza. A poco, casóse con ella y se la llevó al pueblo. Al llegar díjole a su padre—ya muy viejo—que la muchacha era hija de una casa principal, de donde él la había sacado.

El suceso se comentó en toda Salamanca. Relatado se halla menudamente en *La tía fingida*. Cuando el casamiento del estudiante se supo, no faltaron quienes escribieran al padre del muchacho informándole de la bajeza de la nuera. "Mas ella—dice el autor de la novela— se había dado, con sus astucias y discreción, tan buena maña en contemplar y servir al viejo suegro, que aunque mayores males le dijeran de ella no quisiera haber dejado de alcanzarla por hija." Sí; eso es verdad; encantó a todos en los primeros tiempos la moza. Pero...

* * *

(En el *Quijote*—capítulo L de la primera parte—el cura, el barbero y el canónigo llevan hacia el pueblo, metido en una jaula, al buen hidalgo. Han llegado todos a un ameno y fresco valle; se disponen a comer; sobre el verde y suave césped han puesto las viandas. Ya están comiendo; ya departen amigablemente durante el grato yantar. De pronto, por un claro de un boscaje surge una hermosa cabra, que corre y salta. Detrás viene persiguiéndola un pastor. El pastor le grita así, cuando la tiene presa, cogida por los cuernos:

"Ah, cerrera, cerrera, *Manchada, Manchada*, y cómo andáis estos días vos de pie cojo. ¿Qué lobos os espantan, hija? ¿No me diréis qué es esto, hermosa? Mas ¡qué puede ser sino que sois hembra y no podéis estar sosegada; que mal haya vuestra condición y la de todas aquellas a quien imitáis...!"

Los circunstantes, al ver al cabrero y escuchar sus razones, han suspendido durante un momento la comida. Les intrigan las extrañas palabras del pastor.

"Por vuestra vida, hermano—le dice el canónigo—, que os soseguéis un poco y no os acuciéis en volver tan presto esa cabra a su rebaño; que pues ella es hembra, como vos decís, ha de seguir su natural instinto, por más que vos os pongáis a estorbarlo..."

"Ha de seguir su natural instinto." El pasaje referido del *Quijote* ha sido señalado por comentaristas que ven en tal episodio algo de simbolismo y de misterio. ¿Qué perdurable emblema hay en esta cabra, cerrera y triscadora, que va por el valle o de peña en peña, llevada de su impulso, siguiendo su instinto?)

* * *

El hidalgo—antiguo alumno de la universidad salmantina— está solo en su casa. Hace dos años que no vive en ella más que él. Todas las tardes, en invierno y en verano, el caballero se encamina hacia el río. Hay allí un molino a la orilla del agua; junto a la puerta se extiende un poyo de piedra; en él se sienta el caballero.

Dentro, la cítola canta su eterna y monótona canción. No lejos de la aceña, allí a dos pasos, desemboca un viejo puente. Generaciones y generaciones han desfilado por este estrecho paso sobre las aguas: sobre las aguas que ahora—como hace mil años—corren mansamente hasta desaparecer allá abajo entre un boscaje de álamos, en un meandro suave. El hidalgo se sienta y permanece absorto largos ratos. Por el puente pasa la vida, pintoresca y varia: el carro de unos cómicos, la carreta cubierta de paramentos negros en que traen el cuerpo muerto de un señor, unos leñadores con sus borricos cargados de hornija, un hato de ganado merchaniego, que viene al mercado; un ciego con su lazarillo, una romería que va al lejano santuario, un tropel de soldados. Y las aguas del río corren mansas, impasibles, en tanto que en el molino la taravilla canta su rítmica, inacababla canción.

Un día, al regresar, al anochecer, el hidalgo a su casa, encontróse con una carta. Conoció la letra del sobre; durante un instante permaneció absorto, inmóvil. Aquella misma noche se ponía en camino. A la tarde siguiente llegaba a una ciudad lejana y se detenía en una sórdida callejuela, ante una mísera casita. En la puerta estaba un criado que guardaba la mula de un médico.

* * *

El caballero, en su ciudad natal, ha vuelto a encaminarse todas las tardes a la misma hora al molino que se halla junto al río. Ahora viste todo él de luto. Horas enteras permanece absorto, sentado en el poyo de la puerta. Desfila por el puente la vida, varia y pintoresca —como hace cien años, como dentro de otros doscientos—. Las aguas corren mansas a perderse en una lejanía en que los finos y plateados álamos se perfilan sobre el cielo azul. La cítola del molino sigue entonando su canción. Todo en la gran corriente de las cosas es impasible y eterno; y todo, siendo distinto, volverá perdurablemente a renovarse.

Allá en la casa del caballero, entre los volúmenes que hay sobre la mesa, está el libro que el poeta Ovidio tituló *Los tristes*; una señal se ve en la elegía XII, de la primera parte, que comienza:

"*Ecce supervacus (qud enim suit utile nasci...?)*"

"Ha llegado el día—dice el poeta—en que conmemoro mi nacimiento: un día superfluo. Porque, ¿de qué me ha aprovechado a mí el haber nacido?"

Una mañana no se abrió más la casa del hidalgo ni nadie le volvió a ver. Diez años más tarde, un soldado que regresó de Italia al pueblo dijo que le parecía haberle visto de lejos; no pudo añadir otra cosa.

UNA FLAUTA EN LA NOCHE

> ¡Ah, tiempo ingrato! ¿Qué has hecho?
>
> (DIEGO LÁINEZ, en *Las mocedades del Cid*, de Guillén de Castro.)

1820. Una flauta suena en la noche: suena grácil, ondulante, melancólica. Si penetramos en la vetusta ciudad por la Puerta Vieja, habremos de ascender por una empinada cuesta; en lo hondo está el río; junto al río, en elevado y llano terreno, se ven dos filas de copudos y viejos olmos; de trecho en trecho aparecen unos anchos y alongados sillares que sirven de asiento. La oscuridad de la noche no nos permite ver sino vagamente las manchas blancas de las piedras. Allá, a la entrada del pueblo, al cabo de la alameda, una viva faja de luz corta el camino. Sale la luz de una casa. Acerquémonos. La casa tiene un ancho zaguán: a un lado hay un viejo telar; a otro, delante de una mesa en que se ve un atril con música, hay un viejecito de

107

pelo blanco y un niño. Este niño tiene ante su boca
una flauta. La melodía va saliendo de la flauta, larga,
triste, fluctuante; la noche está serena y silenciosa. Allá
arriba se apretuja el caserío de la vetusta ciudad; hay
en ella una fina catedral, con una cisterna de aguas
delgadas y límpidas en un patio; callejuelas de rega-
tones, percoceros y guarnicioneros; caserones con sus
escudos berroqueños; algún jardín oculto en el interior
de un palacio. Los viajeros que llegan—muy pocos viajeros—se hospedan en una posada que se llama La Estrella. Todas las noches, a las nueve, por la alameda
de cabe al río, pasa corriendo la diligencia; durante
un momento, al cruzar frente a la casa iluminada, los
sones gráciles de la flauta se ahogan en el estrépito de
hierro y tablas del destartalado coche; luego otra vez.
La flauta suena y suena en el silencio profundo, denso,
de la noche. Y por el día, este viejo telar marcha y
marcha con su son rítmico.

* * *

1870. Han pasado cincuenta años. Si queremos penetrar en la vieja ciudad, hagámoslo por la Puerta Vieja. Dejemos la diligencia al entrar en el puente para
cruzar el río. La diligencia llega a la ciudad todas las
noches a las nueve. Todo está en silencio; allá arriba,
en el caserío, se divisan algunas lucecitas; comenzamos
a ascender por la empinada cuesta; hemos dejado abajo las tenerías—esas tenerías vetustas que encontramos
en *La celestina*—. Ahora caminamos por la alameda
de copudos y centenarios olmos. Apenas si en la oscuridad se destacan las manchas blancas de los asientos
de piedra. Una viva franja de luz irrumpe sobre el
camino. ¿Saldrá de aquella casa esta melodía de una
flauta que escuchamos: esta melodía larga, melancólica que parece un hilito de cristal que por momentos

va a romperse? En el zaguán de esa casa hay un viejo y dos niños; uno de los niños va tocando la flauta; el otro le contempla silencioso, absorto, con sus ojos azules, anchos y redondos. El viejo, de cuando en cuando, hace una advertencia al niño que toca. Hace mucho, mucho tiempo, este viejo era un niño; aquí mismo, por las noches, hacía salir de la flauta esta misma melodía que ahora toca otro niño. La diligencia pasaba con una baraúnda atronadora de hierros y tablas; durante un instante dejaba de oírse el son delicado de la flauta; luego volvía otra vez a resonar en la noche. Dormían allá arriba los viejos caserones; dormían los olmos del paseo, dormían el río y las campiñas. Ahora, cuando al cabo de una hora, estos sones de la flauta cesan, este niño que está silencioso y absorto se marcha hacia la ciudad, y allá, en un viejo caserón que hay en la plaza, se pone a leer en unos libros de renglones cortos hasta que el sueño le rinde. Poca gente viene a este pueblo; si llegáis hasta él, os aposentaréis en la posada de La Estrella. No hay otra; está en la calle de Narváez, antes del peso de la harina, cerca del almudín, conforme se sale al campo por el camino del cortinal de don Angel.

* * *

(¿Cuántos años han transcurrido? Los que le plazca al lector. En Madrid hay ahora, en un cuartito, allá en lo alto de una casa, un hombre que tiene una barba blanca y los mismos ojos anchos y azules de aquel niño que en la vetusta ciudad contemplaba extasiado, absorto, por las noches, cómo otro niño tocaba en una flauta largas y melancólicas melodías. Este hombre lleva un traje modesto, ajado; sus botas están deslustradas. Hay en la casa una mesa llena de libros; en una grande estantería yacen también los libros. Muchos de estos libros van desapareciendo poco a poco, dejando en los plúteos anchos claros. En la pared, colgadas, se ven dos hermosas fotografías: una, la de una dama de bellos y pensativos ojos, con unos rizos sedosos, tenues, sobre la frente; otra, la de una niña, tan pensativa y bonita como la anterior dama. Pero en la casa no se oyen voces femeninas. Este hombre de la barba blanca a veces escribe durante largos ratos en unas cuartillas; luego, sale, marcha por las calles, entra en unas casas y en otras llevando sus papelitos; habla con unos y con otros. A veces, estos mismos papeles que él ha escrito tornan con él a casa, y él los va poniendo en un cajón, donde yacen otros, llenos de polvo, olvidados.)

* * *

1900. La diligencia que subía todas las noches a la vieja ciudad por la cuesta del río, allá por donde están las tenerías, a lo largo de la alameda, ya hace años que ha dejado de correr. Ahora han hecho una estación; el tren se detiene ante la ciudad, también por la noche, pero lejos de la alameda y del puente viejo, al otro lado de la población. Pocos viajeros son los que llegan diariamente; esta noche ha llegado uno: es un viejo con la barba blanca y los ojos azules. Ha bajado del tren envuelto en un pobre gabán y con una maleta de cartón en la mano. Cuando ha salido de la estación y ha llegado ante el ómnibus destartalado, ya el tren se alejaba en la noche oscura por la campiña adelante. El ómnibus lleva a los viajeros al Hotel de La Estrella. Es el mejor de la ciudad: su antigüedad es su más segura garantía. Lo han mejorado mucho; antes estaba en la calle de Narváez, pero lo trasladaron a un gran caserón de la plaza. El viajero de la barba blanca ha subido en el carricoche y se ha dejado llevar. No sabía por dónde le llevaban. Cuando ha parado el coche en la plaza, frente al hotel, ha visto que esta casa es la misma en que él vivió hace muchos, muchos años, siendo muchacho. Luego le han designado una habitación: es el mismo cuartito en que él leía tanto en aquellos mismos años de adolescente. Al verse entre estos muros, el hombre de la barba blanca se ha sentado en una silla y se ha puesto la mano—bien apretada—sobre el pecho. Necesitaba respirar aire libre; ha salido de la fonda y ha comenzado a recorrer las callejas. Andando, andando, ha llegado hasta la vieja alameda. La noche estaba serena, silenciosa; en el silencio profundo de la noche, sonaba una flauta. Sus sones se percibían como un hilito de cristal; era una melodía antigua, larga y melancólica. Un haz de luz salía de una casa; se ha acercado nuestro viajero y ha visto en el zaguán un viejo y un niño; el niño tocaba en la flauta la larga melodía. Entonces el hombre de la barba blanca se ha sentado en una de las piedras del paseo y ha tornado a ponerse sobre su pecho la mano—bien apretada—.

UNA LUCECITA ROJA

De los ojos tan fuerte mientre lorando...
(Poema del Cid.)

Sɪ queréis ir allá, a la casa del Henar, salid del pueblo por la calle de Pellejeros, tomad el camino de los molinos de Ibangrande, pasad junto a las casas de Marañuela y luego comenzad a ascender por la cuesta de Navalosa. En lo alto, asentada en una ancha meseta, está la casa. La rodean viejos olmos; dos cipreses elevan sobre la fronda sus cimas rígidas, puntiagudas. Hay largos y pomposos arriates en el jardín. Hay en la verdura de los rosales rosas bermejas, rosas blancas, rosas amarillas. Desde lo alto se descubre un vasto panorama: ahí tenéis, a la derecha, sobre aquella lomita redonda, la ermita de Nuestra Señora del Pozo Viejo; más lejos, cierra el horizonte una pincelada zarca de la sierra; a la izquierda, un azagador hace serpenteos

113

entre los recuestos y baja hasta el río, a cuya margen, entre una olmeda, aparecen las techumbres rojizas de los molinos. Mirad al cielo: está limpio, radiante, azul; unas nubecillas blancas y redondas caminan ahora lentamente por su inmensa bóveda. Aquí, en la casa, las puertas están cerradas; las ventanas están cerradas también. Tienen las ventanas los cristales rotos y polvorientos. Junto a un balcón hay una alcarraza colgada. En el jardín, por los viales de viejos árboles, avanzan las hierbas viciosas de los arriates. Crecen los jazmines sobre los frutales; se empina una pasionaria hasta las primeras ramas de los cipreses, y desde allí deja caer flotando unos floridos festones.

Cuando la noche llega, la casa se va sumiendo poco a poco en la penumbra. Ni una luz, ni un ruido. Los muros desaparecen esfumados en la negrura. A esta hora, allá abajo, se escucha un sordo, formidable estruendo que dura un breve momento. Entonces, casi inmediatamente, se ve una lucecita roja que aparece en la negrura de la noche y desaparece en seguida. Ya sabréis lo que es: es un tren que todas las noches, a esta hora, en este momento, cruza el puente de hierro tendido sobre el río, y luego se esconde tras una loma.

* * *

La casa ha abierto sus puertas y sus ventanas. Vayamos desde el pueblo hasta las alturas del Henar. Salgamos por la calle de Pellejeros; luego tomemos el camino de los molinos de Ibangrande; después pasemos junto a las casas de Marañuela; por último, ascendamos por la cuesta de Navalosa. El espectáculo que descubramos desde arriba nos compensará de las fatigas del camino. Desde arriba se ven los bancales y las hazas como mantos diminutos formados de distintos retazos—retazos verdes de los sembrados, retazos ama-

rillos de los barbechos—. Se ven las chimeneas de los
caseríos humear. El río luce como una cintita de plata.
Las sendas de los montes suben y bajan, surgen y se
esconden como si estuvieran vivas. Si marcha un carro
por un camino, diríase que no avanza, que está parado:
lo miramos y lo miramos y siempre está en el mismo
sitio.

La casa está animada. Viven en ella. La habitan un
señor pálido, delgado, con una barba gris, una señora
y una niña. Tiene el pelo flotante y de oro la niña. Las
hierbas que salían de los arriates sobre los caminejos
han sido cortadas. Sobre las mesas de la casa se ven
redondos y esponjados ramos de rosas: rosas blancas,
rosas bermejas, rosas amarillas. Cuando sopla el aire,
se ve en los balcones abiertos cómo unas blancas, nítidas cortinas, salen hacia afuera formando como la
vela abombada de un barco. Todo es sencillo y bello
en la casa. Ahora, en las paredes, desnudas antes, se
ven unas anchas fotografías que representan catedrales,
ciudades, bosques, jardines. Sobre la mesa de este hombre delgado y pálido destacan gruesas rimas de cuartillas y libros con cubiertas amarillas, rojas y azules. Este
hombre, todas las mañanas se encorva hacia la mesa
y va llenando con su letra chiquita las cuartillas. Cuando pasa así dos o tres horas, entran la dama y la niña.
La niña pone suavemente su mano sobre la cabeza de
este hombre; él se yergue un poco, y entonces ve una
dulce, ligeramente melancólica sonrisa en la cara de
la señora.

A la noche, todos salen al jardín. Mirad qué diafani-
dad tiene el cielo. En el cielo diáfano se perfilan las dos
copas agudas de los cipreses. Entre las dos copas fulge—verde y rojo—un lucero. Los rosales envían su
fragancia suave a la noche. Prestad atentos el oído; a
esta hora se va a escuchar el ronco rumor del paso
del tren—allá lejos, muy lejos—por el puente de hierro.

Luego brillará la lucecita roja del furgón y desaparecerá en la noche oscura y silenciosa.

* * *

En el jardín. De noche. Se percibe el aroma suave de las rosas. Los dos cipreses destacan sus copas alargadas en el cielo diáfano. Brilla un lucero entre las dos alongadas manchas negras.

—Ya no tardará en aparecer la lucecita.

—Pronto escucharemos el ruido del tren al pasar por el puente.

—Todas las noches pasa a la misma hora. Alguna vez se retrasa dos o tres minutos.

—Me atrae la lucecita roja del tren.

—Es cosa siempre la misma y siempre nueva.

—Para mí tiene un atractivo que casi no sabré definir. Es esa lucecita como algo fatal, perdurable. Haga el tiempo que haga, invierno, verano, llueva o nieve, la lucecita aparece todas las noches a su hora, brilla un momento y luego se oculta. Lo mismo da que los que la contemplen desde alguna parte estén alegres o tristes. Lo mismo da que sean los seres más felices de la tierra o los más desgraciados; la lucecita roja aparece a su hora y desaparece después.

La voz de la niña:

—Ya está ahí la lucecita.

La estación del pueblo está a media hora del caserío. Rara vez desciende algún viajero del tren o sube en él. Allá arriba queda la casa del Henar. Ya está cerrada, muda. Si quisiéramos ir hasta ella tendríamos que tomar el camino de los molinos de Ibangrande, pasar junto a las casas de Marañuela, ascender por la pendiente de Navalosa. Aquí abajo, a poca distancia de la estación, hay un puente de hierro que cruza un río; luego se mete por el costado de una loma.

Esta noche, a la estación, han llegado dos viajeros: son una señora y una niña. La señora lleva un ancho manto de luto; la niña viste un traje también de luto. Casi no se ve, a través del tupido velo, la cara de esta dama. Pero si la pudiéramos examinar, veríamos que sus ojos están enrojecidos y que en torno de ellos hay un círculo de sombra. También tiene los ojos enrojecidos la niña. Las dos permanecen silenciosas esperando el tren. Algunas personas del pueblo las acompañan.

El tren silba y se detiene un momento. Suben a un coche las viajeras. Desde allá arriba, desde la casa ahora cerrada, muda, si esperáramos el paso del tren, veríamos cómo la lucecita roja aparece, y luego, al igual que todas las noches, todos los meses, todos los años, brilla un momento y luego se oculta.

LA CASA CERRADA

Dulcemente, etéreamente...

EL carruaje ha comenzado a ascender, despacio, por
un empinado alcor. Cuando se hallaba en lo alto,
ha preguntado uno de los viajeros que ocupaban
el vehículo:

—¿Estamos ya en lo alto del puerto?

—Ya hemos llegado—ha contestado el otro—; ahora vamos a comenzar a descender.

—Ya desde aquí se divisará toda la vega; allá, en
la lejanía, brillarán las tejas doradas de la cúpula de
la catedral. El campo estará todo verde; reflejará el
sol en el agua de alguna de las acequias de los huertos.
¿No es verdad? Ésta es la época en que a mí me gusta
más el campo. ¡Cuántas veces desde esta altura he contemplado yo el panorama de la vega y de la ciudad le-

jana! Dime, ¿se ve a la derecha, allá junto a un camino—un camino que serpentea, el camino viejo de Novales—una casa blanca que apenas asoma entre los árboles?

—Sí; ahora parece que refulge al sol un cristal de una ventanilla que está en lo alto.

El carruaje ha descendido al llano y camina entre frescos herreñales y huertas de hortalizas; anchos frutales muestran los redondos y gualdos membrillos, las doradas pomas, las peras aguanosas, suaves.

—Siento que estamos ya en plena vega—ha dicho uno de los viajeros—; aspiro el olor del heno, de la alfalfa cortada y de los frutales. ¿Habrá muchos manzanos como antes? Ahí en las huertas hay viejecitos encorvados y tostados por el sol, como momificados, como curtidos por el tiempo, que están inclinados sobre la tierra, cavando, arreglando los partidores de las acequias, quitando las hierbas viciosas, ¿verdad? Ya oigo las campanas de la ciudad; esa que ahora ha tocado es la de la catedral; antes tocaba la campanita del convento de las Bernardas. ¿Se ven edificios nuevos en las afueras del pueblo?

—Hay algunos edificios nuevos, pero pocos; a la izquierda, cerca de la hermita de la virgen del Henar, han levantado una fábrica con una chimenea.

—¿Una fábrica? ¿Manchará con su humo el cielo azul? ¿No es verdad que ese azul está tan limpio, tan radiante, tan traslúcido como siempre?

Comienza a penetrar el carruaje por las callejas del pueblo.

—Ya estamos en la ciudad; ya oigo los gritos de los chicos. Aquí, por donde ahora vamos, había muchos talabarteros y guarnicioneros. Deben de seguir aún; viene olor de cueros.

—Sí; están trabajando en sus talleres; pero ahora

hay menos que antes; lo traen todo hecho de fuera, de las fábricas.

—¿Pasamos por la plaza ahora? ¡Cómo me hartaría yo de ver esta plaza ancha, con sus soportales de columnas de piedra! Allí, en un rincón, estaba el comercio de *La dalia azul*...

—Allí está todavía; han abierto algunas tiendas nuevas. En el centro de la plaza han hecho un jardincillo.

—Un jardincillo que tendrá algunas acacias amarillentas y unos faroles con los cristales polvorientos y rotos...

* * *

—¿Hace mucho tiempo que no han limpiado la casa?

—Todos los años la limpian dos o tres veces, pero no tocan nada; yo lo tengo bien encargado. Todo está lo mismo que hace quince años.

—Siempre que recibo este olor de moho y humedad, me acuerdo de las pequeñas iglesias del norte, con su piso de madera encerada. Las veo en aquellos paisajes tan verdes, tan suaves, tan sedantes.

—Aquí, en el comedor, están hasta las bandejas colocadas por orden sobre el aparador; cualquiera diría que anoche se ha estado comiendo en esta mesa.

—Por esas ventanas de la galería contemplaba yo, cuando era muchacho, el panorama de la vega; ese panorama que tanto ha influido sobre mi espíritu. Entremos en el despacho; déjame que abra yo.

Los dos visitantes entran en una vasta pieza con estantes de libros; en una de las paredes hay colgado un retrato que representa un caballero; en el muro de enfrente se ve otro retrato: el de una dama. La dama tiene los ojos negros y unos ricitos sobre la frente.

—¿Se han estropeado los retratos? ¿Cómo están?

—Están bien; no les ha atacado la humedad; esta sala está bien acondicionada.

—Descuélgalos, para que yo los toque.

Los cuadros son descolgados, y el caballero que deseaba posar sus manos sobre ellos va palpándolos dulcemente.

—Conozco a los dos, los diferencio por sus marcos... ¿Estarán todos los libros en la biblioteca? Estos volúmenes grandes que toco ahora deben de ser unos libros de viajes que yo leía siendo niño. Aún parece que veo unos grabados que había en ellos y que yo miraba ávidamente: una pagoda india, la Alhambra, Constantinopla, las cataratas del Niágara...

El caballero abre un cajón y revuelve unos papeles que hay en él.

—¿Esto será un paquetito de cartas? Aquí debe de haber también un retrato mío a los ocho años.

—Sí; éste es; está casi descolorido.

—También la tinta de estas cartas se habrá tornado ya amarilla. Léeme ésta. ¿Cómo principia?

"Querido Juan: no sabes cuántas ganas tenemos de verte; estás tan lejos, que ..."

—No leas más. Pon todas las cartas aquí, como estaban antes... Yo no trabajé nunca en este despacho. Mi cuarto estaba en lo alto, en un apartijo que yo me hice en el sobrado. Quería tener siempre ante mí el panorama de la ciudad y la lontananza de la vega. Vamos arriba.

* * *

—Aquí, junto a la ventana, que yo tenía casi siempre abierta, está la mesa en que tanto he trabajado. ¡Cómo contemplaba yo, en los momentos de descanso, con la cara puesta en la mano, los huertos de la vega! Con unos gemelos iba viendo los granados, con sus florecitas rojas; los laureles—siempre verdes, nobles—; los almendros, tan sensitivos; los cipreses, inmortales. Y en lo alto, el cielo azul, como de brillante porcelana, que ya tampoco puedo ver. Las golondrinas pasaban y repasaban rápidas, en vuelos henchidos de voluptuosidad; muchas veces cruzaban rozando la ventana, al alcance de mi mano. Allá abajo, en torno de la torre de la catedral, giraban los vencejos... Aquí, colgada en la pared, frente a la mesa, está una gran fotografía de *Las meninas,* de Velázquez. ¿Se ha descolorido?

—No; está intacta; se ven en ella los más pequeños detalles...

—¿Ves ese señor que está en el fondo, junto a una puertecita de cuarterones, levantando una cortina, con un pie en un escalón y otro pie en otro? Es don José Nieto; muchas veces hemos platicado en estas soledades. Ese hombre lejano, lejano en ese fondo del cuadro..., y en el tiempo, siempre ha ejercido sobre mí una profunda sugestión. No sé quién es; pero su figura es para mí tan real, tan viva, tan eterna, como la de un héroe o la de un genio... ¿Está el cielo hoy despejado?

—Sí; sólo hay unos ligeros celajes en la lejanía.

—La última vez que estuve aquí era un día de otoño. El cielo estaba gris; caía sobre el paisaje una luz dulce y opaca. Se oían las campanas lejanas como si fueran de cristal. Estuve leyendo a fray Luis de León; sobre la mesa dejé el libro. Aquí está todavía; éste es. ¿Ves esta señal que tiene? Léeme un poco, a ver lo que es.

El acompañante del caballero lee:

"En el profundo del abismo estaba
del no ser, encerrado y detenido..."

—Sí, sí; recuerdo: eso es lo último que leí en esta mesa, en que tanto he trabajado, frente al panorama de la vega, en un día gris y dulce de otoño.

LA RUTA DE DON QUIJOTE

DEDICATORIA

Al gran hidalgo don Silverio, residente en la noble, vieja, desmoronada y muy gloriosa villa de El Toboso; poeta autor de un soneto a Dulcinea; autor también de una sátira terrible contra los frailes; propietario de una colmena con una ventanita, por la que se ve trabajar a las abejas.—AZORÍN.

I

LA PARTIDA

Yo me acerco a la puerta y grito:
— ¡Doña Isabel! ¡Doña Isabel!

Luego vuelvo a entrar en la estancia y me siento con un gesto de cansancio, de tristeza y de resignación. La vida, ¿es una repetición monótona, inexorable, de las mismas cosas con distintas apariencias? Yo estoy en mi cuarto; el cuarto es diminuto; tiene tres o cuatro pasos en cuadro; hay en él una mesa pequeña, un lavabo, una cómoda, una cama. Yo esoy sentado junto a un ancho balcón que da a un patio; el patio es blanco, limpio, silencioso. Y una luz suave, sedante, cae a través de unos tenues visillos y baña las blancas cuartillas que destacan sobre la mesa.

Yo vuelvo a acercarme a la puerta y torno a gritar:
— ¡Doña Isabel! ¡Doña Isabel!

Y después me siento otra vez con el mismo gesto de cansancio, de tristeza y de resignación. Las cuartillas esperan inmaculadas los trazos de la pluma; en

129

medio de la estancia, abierta, destaca una maleta. ¿Dónde iré yo, una vez más, como siempre, sin remedio ninguno, con mi maleta y mis cuartillas? Y oigo en el largo corredor unos pasos lentos, suaves. Y en la puerta aparece una anciana vestida de negro, limpia, pálida.

—Buenos días, Azorín.

—Buenos días, doña Isabel.

Y nos quedamos un momento en silencio. Yo no pienso en nada; yo tengo una profunda melancolía. La anciana mira, inmóvil, desde la puerta, la maleta que aparece en el centro del cuarto.

—¿Se marcha usted, Azorín?

Yo le contesto:

—Me marcho, doña Isabel.

Ella replica:

—¿Dónde se va usted, Azorín?

Yo le contesto:

—No lo sé, doña Isabel.

Y transcurre otro breve momento de un silencio denso, profundo. Y la anciana, que ha permanecido con la cabeza un poco baja, la mueve con un ligero movimiento, como quien acaba de comprender, y dice:

—¿Se irá usted a los pueblos, Azorín?

—Sí, sí, doña Isabel—le digo yo—; no tengo más remedio que marcharme a los pueblos.

Los pueblos son las ciudades y las pequeñas villas de la Mancha y de las estepas castellanas que yo amo; doña Isabel ya me conoce; sus miradas han ido a posarse en los libros y cuartillas que están sobre la mesa. Luego me ha dicho:

—Yo creo, Azorín, que esos libros y esos papeles que usted escribe le están a usted matando. Muchas veces—añade sonriendo—he tenido la tentación de quemarlos todos durante alguno de sus viajes.

Yo he sonreído también.

—¡Jesús, doña Isabel!—he exclamado, fingiendo un espanto cómico—. Usted no quiere creer que yo tengo que realizar una misión sobre la tierra.

—¡Todo sea por Dios!—ha replicado ella, que no comprende nada de esta misión.

Y yo, entristecido, resignado con esta inquieta pluma que he de mover perdurablemente y con estas cuartillas que he de llenar hasta el fin de mis días, he contestado:

—Sí, todo sea por Dios, doña Isabel.

Después, ella junta sus manos con un ademán doloroso, arquea las cejas y suspira:

—¡Ay, señor!

Y ya este suspiro que yo he oído tantas veces, tantas veces en los viejos pueblos, en los caserones vetustos, a estas buenas ancianas vestidas de negro; ya este suspiro me trae una visión neta y profunda de la España castiza. ¿Qué recuerda doña Isabel con este suspiro? ¿Recuerda los días de su infancia y de su adolescencia, pasados en alguno de estos pueblos muertos, sombríos? ¿Recuerda las callejuelas estrechas, serpenteantes, desiertas, silenciosas? ¿Y las plazas anchas, con soportales ruinosos, por las que de tarde en tarde discurre un perro, o un vendedor se para y lanza un grito en el silencio? ¿Y las fuentes viejas, las fuentes de granito, las fuentes con un blasón enorme, con grandes letras, en que se lee el nombre de Carlos V o Carlos III? ¿Y las iglesias góticas, doradas, rojizas, con estas capillas de las Angustias, de los Dolores o del Santo Entierro, en que tanto nuestras madres han rezado y han suspirado? ¿Y las tiendecillas hondas, lóbregas, de merceros, de cereros, de talabarteros, de pañeros, con las mantas de vivos colores que flamean al aire? ¿Y los carpinteros—estos buenos amigos nuestros—con sus mazos que golpean sonoros? ¿Y las herrerías—las queridas herrerías—que llenan desde el alba al ocaso la pequeña y silenciosa ciudad con sus sones joviales y claros? ¿Y los huertos y cortinales que se extienden a la salida del pueblo, y por cuyas bardas asoma un oscuro laurel o un ciprés mudo, centenario, que ha visto indulgente nuestras travesuras de niño? ¿Y los lejanos majuelos, a los que hemos ido de merienda en las tardes de primavera, y que han sido plantados acaso por un anciano que tal vez no ha visto sus frutos primeros? ¿Y las vetustas alamedas de olmos, de álamos, de plátanos, por las que hemos paseado en nuestra adolescencia en compañía de Lolita, de Juana, de Carmencita o de Rosario? ¿Y los cacareos de los gallos que cantaban en las mañanas radiantes y templadas del invierno? ¿Y las campanadas lentas, sonoras, largas, del vetusto reloj que oíamos desde las anchas chimeneas en las noches de invierno?

Yo le digo al cabo a doña Isabel:

—Doña Isabel, es preciso partir.

Ella contesta:

—Sí, sí, Azorín; si es necesario, vaya usted.

Después, yo me quedo solo, con mis cuartillas, sentado ante la mesa, junto al ancho balcón, por el que veo el patio silencioso, blanco. ¿Es displicencia? ¿Es tedio? ¿Es deseo de algo mejor que no sé lo que es, lo que yo siento? ¿No acabará nunca para nosotros, modestos periodistas, este sucederse perdurable de cosas y de cosas? ¿No volveremos a oír nosotros, con la misma sencillez de los primeros años, con la misma alegría, con el mismo sosiego, sin que el ansia enturbie nuestras emociones, sin que el recuerdo de la lucha nos amargue estos cacareos de los gallos amigos, estos sones de las herrerías alegres, estas campanadas del reloj venerable que entonces escuchábamos? ¿Nuestra vida no es como la del buen caballero errante que nació en uno de estos pueblos manchegos? Tal vez sí, nuestro vivir, como el de don Alonso Quijano, *el Bueno*, es un combate inacabable, sin premio, por ideales que no veremos realizados... Yo amo esa gran figura dolorosa que es nuestro ídolo y nuestro espejo. Yo voy—con mi maleta de cartón y mi capa—a recorrer brevemente los lugares que él recorriera.

Lector: perdóname; mi voluntad es serte grato; he escrito ya mucho en mi vida; veo con tristeza todavía que he de escribir otro tanto. Lector: perdóname; yo soy un pobre hombre que, en los ratos de vanidad, quiere aparentar que sabe algo, pero que en realidad no sabe nada.

II

EN MARCHA

Estoy sentado en una vieja y amable casa, que se llama fonda de la Xantipa; acabo de llegar—¡descubríos!—al pueblo ilustre de Argamasilla de Alba. En la puerta de mi modesto mechinal, allá en Madrid, han resonado esta mañana unos discretos golpecitos; me he levantado súbitamente; he abierto el balcón; aún el cielo estaba negro y las estrellas titilaban sobre la ciudad dormida. Yo me he vestido. Yo he bajado a la calle; un coche pasaba con un ruido lento, rítmico, sonoro. Ésta es la hora en que las grandes urbes modernas nos muestran todo lo que tienen de extrañas, de anormales, tal vez de antihumanas. Las calles aparecen desiertas, mudas; parece que durante un momento, después de la agitación del trasnocheo, después de los afanes del día, las casas recogen su espíritu sobre sí mismas, y nos muestran en esta fugaz pausa, antes que llegue otra vez el inminente tráfago diario, toda la frialdad, la impasibilidad de sus fachadas, altas, simétricas, de sus hileras de balcones cerrados, de sus esquinazos y sus ángulos, que destacaban en un cielo que comienza poco a poco, imperceptiblemente, a clarear en lo alto...

El coche que me lleva corre rápidamente hacia la lejana estación. Ya en el horizonte comienza a surgir un resplandor mate, opaco; las torrecillas metálicas de los cables surgen rígidas; la chimenea de una fábrica deja escapar un humo denso, negro, que va poniendo una tupida gasa ante la claridad que nace por oriente. Yo llego a la estación. ¿No sentís vosotros una simpatía profunda por las estaciones? Las estaciones, en las grandes ciudades, son lo que primero despierta por las mañanas a la vida inexorable y cotidiana. Y son primero los faroles de los mozos que pasan, cruzan, giran, tornan, marchan de un lado para otro, a ras del suelo, misteriosos, diligentes, sigilosos. Y son luego las carretillas y diablas, que comienzan a chirriar y gritar. Y después el estrépito sordo, lejano, de los coches que avanzan. Y luego la ola humana que va entrando por las anchas puertas y se desparraman, acá y allá, por la inmensa nave. Los redondos focos eléctricos, que han parpadeado toda la noche, acaban de ser apagados; suenan los silbatos agudos de las locomotoras; en el horizonte surgen los resplandores rojizos, nacarados, violetas, áureos de la aurora. Yo he contemplado este ir y venir, este trajín ruidoso, este despertar de la energía humana. El momento de sacar nuestro billete correspondiente es llegado ya. ¿Cómo he hecho yo una sólida, una sincera amistad—podéis creerlo—con este hombre sencillo, discreto y afable, que está a la par de mí, junto a la ventanilla?

—¿Va usted—le he preguntado yo—a Argamasilla de Alba?

—Sí—me ha contestado el—; yo voy a Cinco Casas.

Yo me he quedado un poco estupefacto. Si este hombre sencillo e ingenuo—he pensado—va a Cinco Casas, ¿cómo puede ir a Argamasilla? Y luego, en voz alta, he dicho cortésmente:

—Permítame usted: ¿Cómo es posible ir a Argamasilla y a Cinco Casas?

Él se ha quedado mirándome un momento en silencio; indudablemente, yo era un hombre colocado fuera de la realidad. Y, al fin, ha dicho:

—Argamasilla es Cinco Casas; pero todos le llamamos Cinco Casas...

"Todos", ha dicho mi nuevo amigo. ¿Habéis oído bien? ¿Quiénes son "todos"? Vosotros sois ministros; ocupáis los gobiernos civiles de las provincias; estáis al frente de los grandes organismos burocráticos; redactáis los periódicos; escribís libros, pronunciáis discursos; pintáis cuadros, hacéis estatuas..., y un día os metéis en el tren, os sentáis en los duros bancos de un coche y descubrís—profundamente sorprendidos—que "todos" no sois vosotros (que no sabéis que Cinco Casas da lo mismo que Argamasilla), sino que "todos" es Juan, Ricardo, Pedro, Roque, Alberto, Luis, Antonio, Rafael, Tomás, es decir, el pequeño labriego, el carpintero, el herrero, el comerciante, el industrial, el artesano. Y ese día—no lo olvidéis—habéis aprendido una enorme, una eterna verdad...

Pero el tren va a partir ya en esto momento; el coche está atestado. Yo veo una mujer que solloza y unos niños que lloran (porque van a embarcarse en un puerto mediterráneo para América); veo unos estudiantes que, en el departamento de al lado, cantan y gritan; veo en un rincón, acurrucado, junto a mí, un hombre diminuto y misterioso, embozado en una

capita raída, con unos ojos que brillan—como en cier-
tas figuras de Goya—por debajo de las anchas y som-
brosas alas de su chapeo. Mi nuevo amigo es más
comunicativo que yo; pronto entre él y el pequeño
viajero enigmático se entabla un vivo diálogo. Y lo
primero que yo descubro es que este hombre hermético
tiene frío; en cambio, mi compañero no lo tiene. ¿Comprendéis los antagonismos de la vida? El viajero embozado es andaluz, mi flamante amigo es castizo manchego.

—Yo—dice el andaluz—no he encontrado en Madrid
el calor.

—Yo—replica el manchego—no he sentido el frío.

He aquí—pensáis vosotros, si sois un poco dados a
las especulaciones filosóficas—, he aquí explicadas la
diversidad y la oposición de todas las éticas, de todos
los derechos, de todas las estéticas que hay sobre el
planeta. Y luego os ponéis a mirar el paisaje; ya es
día claro; ya una luz clara, limpia, diáfana, llena la
inmensa llanura amarillenta; la campiña se extiende a
lo lejos en suaves ondulaciones de terrenos y oteros. De
cuando en cuando, se divisan las paredes blancas, re-
fulgentes, de una casa; se ve perderse a lo lejos, rectos,
inacabables, los caminos. Y una cruz tosca de piedra
tal vez nos recuerda, en esta llanura solitaria, monótona, yerma, desesperante, el sitio de una muerte, de una
tragedia. Y, lentamente, el tren arranca con un estrépito
de hierros viejos. Y las estaciones van pasando, pasando; todo el paisaje que ahora vemos es igual que el
paisaje pasado; todo el paisaje pasado es el mismo que
el que contemplaremos dentro de un par de horas. Se
perfilan en la lejanía radiante las lomas azules; acaso
se columbra el chapitel negro de un campanario; una
picaza revuela sobre los surcos rojizos o amarillentos;
van lentas, lentas, por el llano inmenso, las yuntas que
arrastran el arado. Y de pronto surge, en la línea del

horizonte, un molino que mueve locamente sus cuatro aspas. Y luego pasamos por Alcázar; otros molinos vetustos, épicos, giran y giran. Ya va entrando la tarde; el cansancio ha ganado ya nuestros miembros. Pero una voz acaba de gritar:

—¡Argamasilla, dos minutos!

Una sacudida nerviosa nos conmueve. Hemos llegado al término de nuestro viaje. Yo contemplo en la estación una enorme diligencia—una de estas diligencias que encantan a los viajeros franceses—; junto a ella hay un coche, un coche venerable, un coche simpático, uno de estos coches de pueblo en que todos—indudablemente—hemos paseado siendo niños. Yo pregunto a un mozuelo que a quién pertenece este coche.

—Este coche—me dice él—es de la Pacheca.

Una dama fina, elegante, majestuosa, enlutada, sale de la estación y sube en este coche. Ya estamos en pleno ensueño. ¿No os ha desatado la fantasía la figura esbelta y silenciosa de esta dama, tan española, tan castiza, a quien tan española y castizamente se le acaba de llamar la Pacheca?

Ya vuestra imaginación corre desvariada. Y cuando, tras largo caminar en la diligencia por la llanura, entráis en la villa ilustre; cuando os habéis aposentado en esta vieja y amable fonda de la Xantipa; cuando, ya cerca de la noche, habéis trazado rápidamente unas cuartillas, os levantáis de ante la mesa, sintiendo un feroz apetito, y decís a estas buenas mujeres que andan por estancias y pasillos:

—Señoras mías, escuchadme un momento. Yo les agradecería a vuestras mercedes un poco de salpicón, un poco de duelos y quebrantos, algo acaso de alguna olla modesta, en que haya "más vaca que carnero".

III

PSICOLOGÍA DE ARGAMASILLA

Penetramos en la sencilla estancia; acércate, lector;
que la emoción no sacuda tus nervios; que tus pies
no tropiecen con el astrágalo del umbral; que tus
manos no dejen caer el bastón en que se apoyan; que
tus ojos, bien abiertos, bien vigilantes, bien escudriña-
dores, recojan y envíen al cerebro todos los detalles, todos los matices, todos los más insignificantes gestos y
los movimientos más ligeros. Don Alonso Quijano, *el
Bueno*, está sentado ante una recia y oscura mesa de
nogal; sus codos puntiagudos, huesudos, se apoyan con
energía sobre el duro tablero; sus miradas ávidas se
clavan en los blancos folios, llenos de letras pequeñitas,
de un inmenso volumen. Y, de cuando en cuando, el
busto amojamado de don Alonso se yergue; suspira

hondamente el caballero; se remueve nervioso y afanoso en el ancho asiento. Y sus miradas, de las blancas hojas del libro pasan, súbitas y llameantes, a la vieja y mohosa espada que pende en la pared. Estamos, lector, en Argamasilla de Alba, y en 1570, en 1572 o en 1575. ¿Cómo es esta ciudad, hoy ilustre en la historia literaria española? ¿Quién habita en sus casas? ¿Cómo se llaman estos nobles hidalgos que arrastran sus tizonas por sus calles claras y largas? ¿Y por qué este buen don Alonso, que ahora hemos visto suspirando de anhelos inefables sobre sus libros malhadados, ha venido a este trance? ¿Qué hay en el ambiente de este pueblo que haya hecho posible el nacimiento y desarrollo, precisamente aquí, de esta extraña, amada y dolorosa figura? ¿De qué suerte Argamasilla de Alba, y no otra cualquiera villa manchega, ha podido ser la cuna del más ilustre, del más grande de los caballeros andantes?

Todas las cosas son fatales, lógicas, necesarias; todas las cosas tienen su razón poderosa y profunda. Don Quijote de la Mancha había de ser forzosamente de Argamasilla de Alba. Oídlo bien; no lo olvidéis jamás: el pueblo entero de Argamasilla es lo que se llama un pueblo andante. Y yo lo voy a explicar. ¿Cuándo vivió don Alonso? ¿No fue por esos mismos años que hemos expresado anteriormente? Cervantes escribía con lentitud; su imaginación era tarda en elaborar; salió a luz la obra en 1605; mas ya entonces el buen caballero retratado en sus páginas había fenecido, y ya, desde luego, hemos de suponer que el autor debió de comenzar a planear su libro mucho después de acontecer esta muerte deplorable, es decir, que podemos, sin temor, afirmar que don Alonso vivió a mediados del siglo XVI, acaso en 1560, tal vez en 1570, es posible que en 1575. Y bien: precisamente en este mismo año, nuestro rey don Felipe II requería de los vecinos de la villa de

Argamasilla una información puntual, minuciosa, exacta, de la villa y sus aledaños. ¿Cómo desobedecer a este monarca? No era posible. "Yo—dice el escribano público del pueblo, Juan Martínez Patiño—he notificado el deseo del rey a los alcaldes ordinarios y a los señores regidores. Los alcaldes se llaman: Cristóbal de Mercadillo y Francisco García de Tembleque; los regidores llevan por nombre Andrés de Peroalonso y Alonso de la Osa. Y todos estos señores, alcaldes y regidores, se reúnen, conferencian, tornan a conferenciar, y a la postre nombrar a personas calificadas de la villa para que redacten el informe pedido. Estas personas son Francisco López de Toledo, Luis de Córdoba, *el Viejo*, Andrés de Anaya."

Yo quiero que os vayáis ya fijando en todas estas idas y venidas, en todos estos cabildeos, en toda esta inquietud administrativa que ya comienza a mostrarnos la psicología de Argamasilla. La comisión que ha de redactar el suspirado informe está nombrada ya; falta, sin embargo, el que a sus individuos se les notifique el nombramiento. El escribano señor Martínez de Patiño se pone su sombrero, coge sus papeles y se marcha a visitar a los señores nombrados; el señor López de Toledo y el señor Anaya dan su conformidad, tal vez después de algunas tenues excusas; mas el don Luis de Córdoba, *el Viejo*, hombre un poco escéptico, hombre que ha visto muchas cosas, "persona antigua"—dicen los informantes—, recibe con suma cortesía al escribano, sonríe, hace una leve pausa, y, después, mirando al señor De Patiño con una ligera mirada irónica, declara que él no puede aceptar el nombramiento, pues que él, don Luis de Córdoba, *el Viejo*, goza de una salud escasa, padece de ciertos lamentables achaques, y, además, a causa de ellos y como razón suprema, "no puede estar sentado un cuarto de hora". ¿Cómo un hombre así podía pertenecer al seno de una comisión? ¿Cómo podía permanecer don Luis de Córdoba, *el Viejo,* una hora, dos horas, tres horas, pegado a su asiento, oyendo informar o discutiendo datos y cifras? No es posible; el escribano Martínez de Patiño se retira un poco mohíno; don Luis de Córdoba, *el Viejo,* torna a sonreír al despedirle; los alcaldes nombran, en su lugar, a Diego de Oropesa...

Y la comisión, ya sin más trámites, ya sin más dilaciones, comienza a funcionar. Y por su informe —todavía inédito entre las *Relaciones topográficas,* ordenadas por Felipe II—conocemos a Argamasilla de Alba en tiempos de don Quijote. Y, ante todo, ¿quién la ha fundado? La fundó don Diego de Toledo, prior de San Juan; el paraje en que se estableciera el pueblo se llamaba Argamasilla; el fundador era de la casa de Alba. Y de ahí el nombre de Argamasilla de Alba.

Pero el pueblo—y aquí entramos en otra etapa de su psicología—, el pueblo, primitivamente, se hallaba establecido en el lugar llamado la Moraleja; ocurría esto en 1555. Mas una epidemia sobreviene; la población se dispersa; reina un momento de pavor y de incertidumbre, y, como en un tropel, los moradores corren hacia el cerro llamado de Boñigal, y allí van formando nuevamente el poblado. Y otra vez, al cabo de pocos años, cae sobre el flamante caserío otra epidemia, y de nuevo, atemorizados, enardecidos, exasperados, los habitantes huyen, corren, se dispersan y se van reuniendo, al fin, en el paraje que lleva el nombre de Argamasilla, y aquí fundan otra ciudad, que es la que ha llegado hasta nuestros días y es en la que ha nacido el gran manchego. ¿Veis ya cómo se ha creado, en pocos años, desde 1555 a 1575, la mentalidad de una nueva generación, entre la que estará don Alonso de Quijano? ¿Veis cómo el pánico, la inquietud nerviosa, la exasperación, las angustias que han padecido las madres de estos nuevos hombres se ha comunicado a ellos y ha formado en la nueva ciudad un ambiente de hiperestesia sensitiva, de desasosiego, de anhelo perdurable por algo desconocido y lejano? ¿Acabáis de aprender cómo Argamasilla entero es un pueblo andante y cómo aquí había de nacer el mayor de los caballeros andantes? Añadid ahora que, además de esta epidemia de que hemos hablado, caen también sobre el pueblo plagas de langostas que arrasan las cosechas y suman nuevas incertidumbres y nuevos dolores a los que ya experimentan. Y como si todo esto fuera poco para determinar y crear una psicología especialísima, tened en cuenta que el nuevo pueblo, por su situación, por su topografía, ha de favorecer este estado extraordinario, único, de morbosidad y exasperación. "Éste—dicen los vecinos informantes—, es pueblo enfermo, porque cerca de esta villa se suele derramar la madre del río Guadiana, y porque pasa por esta villa y hace remanso el agua, y de causa del dicho remanso y detenimiento del agua salen muchos vapores que acuden al pueblo con el aire." Y ya no necesitamos más para que nuestra visión quede completa; mas sí, aún recogeremos en él pormenores, detalles, hechos, al parecer insignificantes, que vendrán a ser la contraprueba de lo que acabamos de exponer.

Argamasilla es un pueblo enfermizo, fundado por una generación presa de una hiperestesia nerviosa. ¿Quiénes son los sucesores de esta generación? ¿Qué es lo que hacen? Los informes citados nos dan una relación de las personas más notables que viven en la villa; son éstas: don Rodrigo Pacheco, dos hijos de don Pedro Prieto de Bárcena, el señor Rubián, los sobrinos de Pacheco, los hermanos de Baldolivias, el señor Cepeda y don Gonzalo Patiño. Y de todos éstos, los informantes nos advierten al pasar que los hijos de don Pedro Prieto de Bárcena han pleiteado a favor de su ejecutoria de hidalguía; que el señor Cepeda también pleitea; que el señor Rubián litiga asimismo con la villa; que los hermanos Baldolivias no se escapan tampoco de mantener sus contiendas, y que, finalmente, los sobrinos de Pacheco se hallan puestos en el libro de los pecheros, sin duda porque, a pesar de todas las sutilezas y supercherías, "no han podido probar su filiación..."

Ésta es la villa de Argamasilla de Alba, hoy insigne entre todas las de la Mancha. ¿No es natural que todas estas causas y concausas de locura, de exasperación, que flotan en el ambiente, hayan convergido en un momento supremo de la historia y hayan creado la figura de este sin par hidalgo que ahora, en este punto, nosotros, acercándonos con cautela, vemos leyendo de rato y lanzando súbitas y relampagueantes miradas hacia la vieja espada llena de herrumbre?

IV

EL AMBIENTE DE ARGAMASILLA

¿CUÁNTO tiempo hace que estoy en Argamasilla de Alba? ¿Dos, tres, cuatro, seis años? He perdido la noción del tiempo y la del espacio; ya no se me ocurre nada ni sé escribir. Por la mañana, apenas comienza a clarear, una bandada de gorriones salta, corre, va, viene, trina, chillando furiosamente en el ancho corral; un gallo, junto a la ventanita de mi estancia, canta con metálicos cacareos. Yo he de levantarme. Ya, fuera, en la cocina, se oye el ruido de las tenazas que caen sobre la losa, y el rastrear de las trébedes, y la crepitación de los sarmientos que principian a arder. La casa comienza su vida cotidiana: la Xantipa marcha de un lado para otro apoyada en su pequeño bastón; Mercedes sacude los muebles; Gabriel va a coger sus tije-

ras pesadas de alfayate, y con ellas se dispone a cortar
los recios paños. Yo abro la ventanita; la ventanita no
tiene cristales, sino un bastidor de lienzo blanco; a
través de este lienzo entra una claridad mate en el
cuarto. El cuarto es grande, alargado; hay en él una
cama, cuatro sillas y una mesa de pino; las paredes
aparecen blanqueadas con cal, y tienen un ancho zócalo
ceniciento; el piso está cubierto por una recia estera
de esparto blanco. Yo salgo a la cocina; la cocina está
enfrente de mi cuarto y es de ancha campana; en una
de las paredes laterales cuelgan los cazos, las sartenes,
las cazuelas; las llamas de la fogata ascienden en el
hogar y lamen la piedra trashoguera.

—Buenos días, señora Xantipa; buenos días, Mercedes.

Y me siento a la lumbre; el gallo—mi amigo—continúa cantando; un gato—amigo mío también—se acaricia en mis pantalones. Ya las campanas de la iglesia
suenan a la misa mayor; el día está claro, radiante, es
preciso salir a hacer lo que todo buen español hace
desde siglos y siglos: tomar el sol. Desde la cocina de
esta casa se pasa a un patizuelo empedrado con pequeños cantos; la mitad de este patio está cubierta
por una galería, la otra mitad se encuentra libre. Y de
aquí, continuando en nuestra marcha, encontramos un
zaguán diminuto; luego una puerta, después otro zaguán; al fin, la salida a la calle. El piso está en altos
y bajos, desnivelado, sin pavimentar; las paredes todas
son blancas, con zócalos grises o azules. Y hay en
toda la casa—en la puertas, en los techos, en los
rincones—este aire de vetustez, de inmovilidad, de reposo profundo, de resignación secular—tan castizos, tan
españoles—que se percibe en todas las casas manchegas,
y que tanto contrasta con la veleidad, la movilidad y
el estruendo de las mansiones levantinas.

Y luego, cuando salimos a la calle, vemos que las

anchas y luminosas vías están en perfecta concordancia con los interiores. No son éstos los pueblecitos moriscos de Levante, todo recogidos, todo íntimos; son los poblados anchurosos, libres, espaciados, de la vieja gente castellana. Aquí cada imaginación parece que ha de marchar por su camino, independiente, opuesta a toda traba y ligamen; no hay un ambiente que una a todos los espíritus como en un haz invisible; las casas son bajas y largas; de trecho en trecho, un inconmensurable portalón de un patio rompe, de pronto, lo que pudiéramos llamar la solidaridad espiritual de las casas; allá, al final de la calle, la llanura se columbra inmensa, infinita, y encima de nosotros, a toda hora limpia, como atrayendo todos nuestros anhelos, se abre, también inmensa, infinita, la bóveda radiante. ¿No es éste el medio en que han nacido y se han desarrollado las grandes voluntades, fuertes, poderosas, tremendas, pero solitarias, anárquicas, de aventureros, navegantes, conquistadores? ¿Cabrá aquí, en estos pueblos, el concierto íntimo, tácito, de voluntades y de inteligencias, que hace la prosperidad sólida y duradera de una nación? Yo voy recorriendo las calles de este pueblo. Yo contemplo las casas bajas, anchas y blancas. De tarde en tarde, por las anchas vías cruza un labriego. No hay ni ajetreos, ni movimientos, ni estrépitos. Argamasilla, en 1575, contaba con 700 vecinos; en 1905, cuenta con 850. Argamasilla, en 1575, tenía 600 casas; en 1905 tiene 711. En tres siglos es bien poco lo que se ha adelantado. "Desde 1900 hasta la fecha—me dicen—no se han construido más allá de ocho casas." Todo está en profundo reposo. El sol reverbera en las blancas paredes; las puertas están cerradas; las ventanas están cerradas. Pasa, de rato en rato, ligero, indolente, un galgo negro, o un galgo gris, o un galgo rojo. Y la llanura, en la lejanía, allá dentro, en la línea remota del horizonte, se confunde, imperceptible, con la inmensa planicie azul del cielo. Y el viejo reloj lanza despacio, grave, de hora en hora, sus campanadas. ¿Qué hacen en estos momentos don Juan, don Pedro, don Francisco, don Luis, don Antonio, don Alejandro?

Estas campanadas que el reloj acaba de lanzar marcan el mediodía. Yo regreso a la casa.

—¿Qué tal? ¿Cómo van esos duelos y quebrantos, señora Xantipa?—pregunto yo.

La mesa está ya puesta; Gabriel ha dejado por un instante en reposo sus pesadas tijeras; Mercedes coloca sobre el blanco mantel una fuente humeante. Y yo yanto prosaicamente—como todos hacen—de esta sopa rojiza, azafranada. Y luego de otros varios manjares, todos sencillos, todos modernos. Y después de comer hay que ir un momento al casino. El casino está en la misma plaza; traspasáis los umbrales de un vetusto caserón; ascendéis por una escalerilla empinada; torcéis después a la derecha y entráis al cabo en un salón ancho, con las paredes pintadas de azul claro y el piso de madera. En este ancho salón hay cuatro o seis personas, silenciosas, inmóviles, sentadas en torno de una estufa.

—¿No le habían hecho a usted ofrecimientos de comprarle el vino a seis reales?—pregunta don Juan, tras una larga pausa.

—No—dice don Antonio—; hasta ahora a mí no me han dicho palabra.

Pasan seis, ocho, diez minutos en silencio.

—¿Se marcha usted esta tarde al campo?—le dice don Tomás a don Luis.

—Sí—contesta don Luis—, quiero estar allá hasta el sábado próximo.

Fuera, la plaza está solitaria, desierta; se oye un grito lejano; un viento ligero lleva unas nubes blancas por el cielo. Y salimos de este casino; otra vez nos encaminamos por las anchas calles; en los aledaños del pueblo, sobre las techumbres bajas y pardas, destaca el ramaje negro, desnudo, de los olmos que bordean el río. Los minutos transcurren lentos; pasa ligero, indolente, el galgo gris, o el galgo negro, o el galgo rojo. ¿Qué vamos a hacer durante todas las horas eternas de esta tarde? Las puertas están cerradas; las ventanas están cerradas. Y de nuevo el llano se ofrece a nuestros ojos, inmenso, desmantelado, infinito, en la lejanía.

Cuando llega el crepúsculo suenan las campanadas graves y las campanadas agudas del avemaría; el cielo se ensombrece; brillan de trecho en trecho unas mortecinas lamparillas eléctricas. Ésta es la hora en que se oyen en la plaza unos gritos de muchachos que juegan; yuntas de mulas salen de los anchos corrales y son llevadas junto al río; se esparce por el aire un olor de sarmientos quemados. Y de nuevo, después de esta rápida tregua, comienza el silencio más profundo, más denso, que ha de pesar durante la noche sobre el pueblo.

Yo vuelvo a casa.

—¿Qué tal, señora Xantipa? ¿Cómo van esos duelos y quebrantos? ¿Cómo está el salpicón?

Yo ceno junto al fuego, en una mesilla de pino; mi amigo el gallo está ya reposando; el gato—mi otro amigo—se acaricia ronroneando en mis pantalones.

—¡Ay, Jesús!—exclama la Xantipa.

Gabriel calla; Mercedes calla; las llamas de la fogata se agitan y bailan en silencio. He acabado ya de cenar; será necesario el volver al casino. Cuatro, seis, ocho personas están sentadas en torno de la estufa.

—¿Cree usted que el vino, este año, se venderá mejor que el año pasado?—pregunta don Luis.

—Yo no sé—contesta don Rafael—; es posible que no.

Transcurren seis, ocho, diez minutos en silencio.

—Si continúa este tiempo frío—dice don Tomás—
se van a helar las viñas.

—Eso es lo que yo temo—replica don Francisco.

El reloj lanza nueve campanadas sonoras. ¿Son realmente las nueve? ¿No son las once, las doce? ¿No
marcha en una lentitud estupenda este reloj? Las lamparillas del salón alumbran débilmente el ancho ámbito; las figuras permanecen inmóviles, silenciosas, en
la penumbra. Hay algo en estos ambientes de los casinos
de pueblo, a estas horas primeras de la noche, que
os produce como una sensación de sopor y de irrealidad. En el pueblo está todo en reposo; las calles se
hallan oscuras, desiertas; las casas han cesado de irra-
diar su tenue vitalidad diurna. Y parece que todo este
silencio, que todo este reposo, que toda esta estaticidad
formidable se concentra, en estos momentos, en el salón del casino, y pesa sobre las figuras fantásticas, qui-
méricas, que vienen y se tornan a marchar lentas y
mudas.

Yo salgo a la calle; las estrellas parpadean en lo
alto, misteriosas; se oye el aullido largo de un perro;
un mozo canta una canción que semeja un alarido y
una súplica. Decidme, ¿no es éste el medio en que
florecen las voluntades solitarias, libres, llenas de ideal
—como la de Alonso Quijano, *el Bueno*—; pero ensi-
mismadas, soñadoras, incapaces, en definitiva, de con-
centrarse en los prosaicos, vulgares, pacientes pactos
que la marcha de los pueblos exige?

V

LOS ACADÉMICOS DE ARGAMASILLA

"...Con tutta quella
gente que si lava in Guadiana..."
Ariosto, *Orlando furioso*, canto XIV.

Yo no he conocido jamás hombres más discretos, más
amables, más sencillos que estos buenos hidalgos
don Cándido, don Luis, don Francisco, don Juan
Alfonso y don Carlos. Cervantes, al final de la primera
parte de su libro, habla de los académicos de Argamasilla; don Cándido, don Luis, don Francisco, don Juan
Alfonso y don Carlos pueden ser considerados como
los actuales académicos de Argamasilla. Son las diez
de la mañana; yo me voy a casa de don Cándido. Don
Cándido es clérigo; don Cándido tiene una casa am-

plia, clara, nueva y limpia; en el centro hay un patio
con un zócalo de relucientes azulejos; todo en torno
corre una galería. Y cuando he subido por unas esca-
leras fregadas y refregadas por la aljofifa, yo entro en
el comedor.

—Buenos días, don Cándido.

—Buenos los dé Dios, señor Azorín.

Cuatro balcones dejan entrar raudales de sol tibio,
esplendente, confortador; en las paredes cuelgan copias
de cuadros de Velázquez y soberbios platos antiguos;
un fornido aparador de roble destaca en un testero;
enfrente aparece un chimenea de mármol negro, en
que las llamas se mueven, rojas; encima de ella se ve
un claro espejo encuadrado en un rico marco de pati-
nosa talla; ante el espejo, esbelta, primorosa, se yergue
una estatuilla de la virgen. Y en el suelo, extendida
por todo el pavimento, se muestra una antigua y maravillosa alfombra gualda, de un gualda intenso, con
intensas flores bermejas, con intensos ramajes verdes.

—Señor Azorín—me dice el discretísimo don Cándido—, acérquese usted al fuego.

Yo me acerco al fuego.

—Señor Azorín, ¿ha visto usted ya las antigüedades
de nuestro pueblo?

Yo he visto ya las antigüedades de Argamasilla de
Alba.

—Don Cándido—me atrevo yo a decir—, he estado
esta mañana en la casa que sirvió de prisión a Cervantes; pero...

Al llegar aquí me detengo un momento; don Cándido—este clérigo tan limpio, tan afable—me mira con
una vaga ansia. Yo continúo:

—Pero respecto de esta prisión, dicen ahora los eruditos que...

Otra vez me vuelvo a detener en una breve pausa:

las miradas de don Cándido son más ansiosas, más angustiosas. Yo prosigo:

—Dicen ahora los eruditos que no estuvo encerrado en ella Cervantes.

Yo no sé con entera certeza si dicen tal cosa los eruditos; mas el rostro de don Cándido se llena de sorpresa, de asombro, de estupefacción.

—¡Jesús! ¡Jesús!—exclama don Cándido, llevándose las manos a la cabeza, escandalizado—. ¡No diga usted tales cosas, señor Azorín! ¡Señor, señor, que tenga uno de oír unas cosas tan enormes! Pero, ¿qué más, señor Azorín? ¡Si se ha dicho de Cervantes que era gallego! ¿Ha oído usted nunca algo más estupendo?

Yo no he oído, en efecto, nada más estupendo; así se lo confieso lealmente a don Cándido. Pero si estoy dispuesto a creer firmemente que Cervantes era manchego y estuvo encerrado en Argamasilla, en cambio —perdonadme mi incredulidad—me resisto a secundar la idea de que don Quijote vivió en este lugar manchego. Y entonces, cuando he acabado de exponer tímidamente, con toda cortesía, esta proposición, don Cándido me mira con ojos de un mayor espanto, de una más profunda estupefacción, y grita, extendiendo hacia mí los brazos:

—¡No, no, por Dios! ¡No, no, señor Azorín! ¡Llévese usted a Cervantes; lléveselo usted en buena hora, pero déjenos usted a don Quijote!

Don Cándido se ha levantado a impulsos de su emoción; yo pienso que he cometido una indiscreción enorme.

—Ya sé, señor Azorín, de dónde viene todo eso—dice don Cándido—, ya sé que hay ahora una corriente en contra de Argamasilla; pero no se me oculta que estas ideas arrancan de cuando Cánovas iba al Tomelloso y allí le llenaban la cabeza de cosas en perjuicio de nosotros. ¿Usted no conoce la enemiga que los del Tomelloso tienen a Argamasilla? Pues yo digo que don Quijote era de aquí; don Quijote era el propio don Rodrigo de Pacheco, el que está retratado en nuestra iglesia, y no podrá nadie, nadie, por mucha que sea su ciencia, destruir esta tradición en que todos han creído y que se ha mantenido siempre tan fuerte y tan constante...

¿Qué voy a decirle yo a don Cándido, a este buen clérigo, modelo de afabilidad y de discreción, que vive en esta casa tan confortable, que viste estos hábitos tan limpios? Ya creo yo también a pie juntillas que don Alonso Quijano, *el Bueno,* era de este insigne pueblo manchego.

—Señor Azorín—me dice don Cándido, sonriendo—, ¿quiere usted que vayamos un momento a nuestra academia?

—Vamos, don Cándido—contesto yo—, a esa academia.

La academia es la rebotica del señor licenciado don Carlos Gómez; ya en el camino hemos encontrado a don Luis. Vosotros es posible que no conozcáis a don Luis de Montalbán. Don Luis es el tipo castizo, inconfundible, del viejo hidalgo castellano. Don Luis es menudo, nervioso, movible, flexible, acerado, aristocrático; hay en él una suprema, una instintiva distinción de gestos y de maneras; sus ojos llamean, relampaguean, y, puesta en su cuello una ancha y tiesa gola, don Luis sería uno de estos finos, espirituales caballeros que *el Greco* ha retratado en su cuadro famoso del *Entierro.*

—Luis—le dice su hermano, don Cándido—, ¿sabes lo que dice el señor Azorín? Que don Quijote no ha vivido nunca en Argamasilla.

Don Luis me mira un brevísimo momento en silencio; luego se inclina un poco y dice, tratando de reprimir con una exquisita cortesía su sorpresa:

—Señor Azorín, yo respeto todas las opiniones; pero sentiría en el alma, sentiría profundamente que a Argamasilla se le quisiera arrebatar esta gloria. Eso—añade, sonriendo con una sonrisa afable—creo que es una broma de usted.

—Efectivamente—confieso ya con entera sinceridad—, efectivamente, esto no pasa de ser una broma mía sin importancia.

Y ponemos nuestras plantas en la botica; después pasamos a una pequeña estancia que detrás de ella se abre. Aquí, sentados, están don Carlos, don Francisco, don Juan Alfonso. Los tarros blancos aparecen en las estanterías; entra un sol vivo y confortador por la ancha reja; un olor de éter, de alcohol, de cloroformo, flota en el ambiente. Cerca, a través de los cristales, se divisa el río, el río verde, el río claro, el río tranquilo, que se detiene en un ancho remanso junto a un puente.

—Señores—dice don Luis cuando ya hemos entrado en una charla amistosa, sosegada, llena de una honesta ironía—, señores, ¿a que no adivinan ustedes lo que ha dicho el señor Azorín?

Yo miro a don Luis, sonriendo; todas las miradas se clavan, llenas de interés, en mi persona.

—El señor Azorín—prosigue don Luis, al mismo tiempo que me mira como pidiéndome perdón por su discreta chanza—, el señor Azorín decía que don Quijote no ha existido nunca en Argamasilla, es decir, que Cervantes no ha tomado su tipo de don Quijote de nuestro convecino don Rodrigo de Pacheco.

—¡Caramba!—exclama don Juan Alfonso.

—¡Hombre, hombre!—dice don Francisco.

—¡Demonio!—grita vivamente don Carlos, echándose hacia atrás su gorra de visera.

Y yo permanezco un instante silencioso, sin saber qué decir ni cómo justificar mi audacia; mas don Luis añade al momento que yo estoy ya convencido de que don Quijote vivió en Argamasilla, y todos entonces me miran con una profunda gratitud, con un intenso reconocimiento. Y todos charlamos como viejos amigos. ¿No os agradaría esto a vosotros? Don Carlos lee y relee a todas horas el *Quijote*; don Juan Alfonso—tan parco, tan mesurado, de tan sólido juicio—ha escudriñado, en busca de datos sobre Cervantes, los más diminutos papeles del archivo; don Luis cita, con menudos detalles, los más insignificantes parajes que recorriera el caballero insigne. Y don Cándido y don Francisco traen a cada momento a colación largos párrafos del gran libro. Un hálito de arte, de patriotismo, se cierne en esta clara estancia, en esta hora, entre estas viejas figuras de hidalgos castellanos. Fuera, allí cerca, a dos pasos de la ventana, a flor de tierra, el noble Guadiana se desliza, manso, callado, transparente...

VI

SILUETAS DE ARGAMASILLA

LA XANTIPA

LA Xantipa tiene unos ojos grandes, unos labios abultados y una barbilla aguda, puntiaguda; la Xantipa va vestida de negro y se apoya, toda encorvada, en un diminuto bastón blanco con una enorme vuelta.

La casa es de techos bajitos, de puertas chiquitas y de estancias hondas. La Xantipa camina de una en otra estancia, de uno en otro patizuelo, lentamente, arrastrando los pies, agachada sobre su palo. La Xantipa, de cuando en cuando, se detiene un momento en el zaguán, en la cocina o en una sala; entonces ella pone su pequeño bastón arrimado a la pared, junta sus manos pálidas, levanta los ojos al cielo y dice, dando un profundo suspiro:

—¡Ay, Jesús!

Y entonces, si vosotros os halláis allí cerca, si vosotros habéis hablado con ella dos o tres veces, ella os cuenta que tiene muchas penas.

—Señora Xantipa—le decís vosotros afectuosamente—, ¿qué penas son ésas que usted tiene?

Y en este punto, ella—después de suspirar otra vez—comienza a relataros su historia. Se trata de una vieja escritura: de un huerto, de una bodega, de un testamento. Vosotros no veis muy claro en este dédalo terrible.

—Yo fui un día—dice la Xantipa—a casa del notario, ¿comprende usted? Y el notario me dijo: "Usted, ese huerto que tenía ya no lo tiene." Yo no quería creerlo, pero él me enseñó la escritura de venta que yo había hecho; pero yo no había hecho ninguna escritura. ¿Comprende usted?

Yo, a pesar de que, en realidad, no comprendo nada, digo que lo comprendo todo. La Xantipa vuelve a levantar los ojos al cielo y suspira otra vez. Ella quería vender este huerto para pagar los gastos del entierro de su marido y los derechos de la testamentaría. Estamos ante la lumbre del hogar; Gabriel extiende sus manos hacia el fuego, en silencio; Mercedes mira el ondular de las llamas con un vago estupor.

—Y entonces—dice la Xantipa—, como no pude vender este huerto, tuve que vender la casa de la esquina, que era mía y que estaba tasada...

Se hace una ligera pausa.

—¿En cuánto estaba tasada, Gabriel?—pregunta la Xantipa.

—En ocho mil pesetas—contesta Gabriel.

—Sí, sí, en ocho mil pesetas—dice la Xantipa—. Y

después tuve que vender también un molino que estaba tasado...

Se hace otra ligera pausa.

—¿En cuánto estaba tasado, Gabriel?—torna a preguntar la Xantipa.

—En seis mil pesetas—replica Gabriel.

—Sí, sí, en seis mil pesetas—dice la Xantipa.

Y luego, cuando ha hablado durante un largo rato, contándome otra vez todo el intrincado enredijo de la escritura, de los testigos, del notario, se levanta; se apoya en su palo; se marcha pasito a pasito, encorvada, rastreante; abre una puerta; revuelve en un cajón; saca de él un recio cuaderno de papel timbrado; torna a salir del cuarto; mira si la puerta de la calle está bien cerrada; entra otra vez en la cocina y pone, al fin, en mis manos, con una profunda solemnidad, con un profundo misterio, el abultado cartapacio. Yo lo cojo en silencio, sin saber lo que hacer; ella me mira emocionada; Gabriel me mira también; Mercedes me mira también.

—Yo quiero—me dice la Xantipa—que usted lea la escritura.

Yo doblo la primera hoja; mis ojos pasan sobre los negros trazos. Y yo no leo, no me doy cuenta de lo que esta prosa curialesca expresa; pero siento que pasa por el aire, vagamente, en este momento, en esta casa, entre estas figuras vestidas de negro que miran ansiosamente a un desconocido que puede traerles la esperanza, siento que pasa un soplo de lo trágico.

JUANA MARÍA

Juana María ha venido y se ha sentado un momento en la cocina; Juana María es delgada, esbelta; sus ojos son azules; su cara es ovalada, sus labios son rojos. ¿Es manchega Juana María? ¿Es de Argamasilla? ¿Es del Tomelloso? ¿Es de Puerto Lápiche? ¿Es de Herencia? Juana María es manchega castiza. Y cuando una mujer es manchega castiza, como Juana María, tiene el espíritu más fino, más sutil, más discreto, más delicado que una mujer puede tener. Vosotros entráis en un salón; dais la mano a estas o a las otras damas; habláis con ellas; observáis sus gestos, examináis sus movimientos; veis cómo se sientan, cómo se levantan, cómo abren una puerta, cómo tocan un mueble. Y cuando os despedís de todas estas damas, cuando dajáis este salón, os percatáis de que tal vez, a pesar de toda la afabilidad, de toda la discreción, de toda la elegancia, no queda en vuestros espíritus, como recuerdo, nada de definitivo, de fuerte y de castizo. Y pasa el tiempo; otro día os halláis en una posada, en un cortijo, en una callejuela de una vieja ciudad. Entonces—si estáis en la posada——observáis que en un rincón, casi sumida en la penumbra, se encuentra sentada una muchacha. Vosotros cogéis las tenazas y vais tizoneando; junto al fuego hay, asimismo, dos, o cuatro, o seis comadres. Todas hablan; todas cuentan—ya lo sabéis—desdichas, muertes, asolamientos, ruinas; la muchacha del rincón calla, vosotros no le dais gran importancia a la muchacha. Pero, durante un momento, las voces de las comadres enmudecen; entonces, en el breve silencio, tal vez como resumen o corolario a lo que se iba diciendo, suena una voz que dice:

—¡Ea, todas las cosas vienen por sus cabales!

Vosotros, que estabais inclinados sobre la lumbre, levantáis rápidamente la cabeza, sorprendidos. ¿Qué voz es ésta?—pensáis vosotros—. ¿Qué tiene esta entonación tan dulce, tan suave, tan acariciadora? ¿Cómo una breve frase puede ser dicha con tan natural y tan supremo arte? Y ya nuestras miradas no se apartan de esta moza de los ojos azules y de los labios rojos. Ella está inmóvil; sus brazos los tiene cruzados sobre el pecho; de cuando en cuando se encorva un poco, asiente a lo que oye con un ligero movimiento de cabeza, o pronuncia unas pocas palabras, mesuradas, corteses, acaso subrayadas por una dulce sonrisa de ironía...

¿Cómo, por qué misterio encontráis este espíritu aristocrático bajo las ropas y atavíos del campesino? ¿Cómo, por qué misterio desde un palacio del renacimiento, donde este espíritu se formaría hace tres siglos, ha llegado, en estos tiempos, a encontrarse en la modesta casilla de un labriego? Lector: yo oigo, sugestionado, las palabras dulces, melódicas, insinuantes, graves, sentenciosas, suavemente socarronas a ratos, de Juana María. Ésta es la mujer española.

DON RAFAEL

No he nombrado antes a don Rafael, porque, en realidad, don Rafael vive en un mundo aparte.

—Don Rafael, ¿cómo está usted?—le digo yo.

Don Rafael medita un momento en silencio, baja la cabeza, se mira las puntas de los pies, sube los hombros, contrae los labios, y me dice, por fin:

—Señor Azorín, ¿cómo quiere usted que esté yo? Yo estoy un poco echado a perder.

Don Rafael, pues, está un poco echado a perder. Él habita en un caserón vetusto; él vive solo; él se acuesta temprano; él se levanta tarde. ¿Qué hace don Rafael? ¿En qué se ocupa? ¿Qué piensa? No me lo preguntéis; yo no lo sé. Detrás de su vieja mansión se extiende una huerta; esta huerta está algo abandonada; todas las huertas de Argamasilla están algo abandonadas. Hay en ellas altos y blancos álamos, membrilleros achaparrados, parrales largos, retorcidos. Y el río, por un extremo, pasa callado y transparente entre arbustos que arañan sus cristales. Por esta huerta pasea un momento cuando se levanta, en las mañanas claras, don Rafael. Luego marcha al casino, tosiendo, alzándose el ancho cuello de su pelliza. Yo no sé si sabréis que en todos los casinos de pueblo existe un cuarto misterioso, pequeño, casi oscuro, donde el conserje arregla sus mixturas; a este cuarto acuden y en él penetran, como de soslayo, como a cencerros tapados, como hierofantes que van a celebrar un rito oculto, tales o cuales caballeros, que sólo aparecen con este objeto, presurosos, enigmáticos, por el casino. Don Rafael entra también en este cuarto. Cuando sale, él da unas vueltas al sol por la ancha plaza. Ya es media mañana; las horas van pasando lentas; nada ocurre en el pueblo; nada ha ocurrido ayer; nada ocurrirá mañana. ¿Por qué don Rafael vive hace veinte años en este pueblo, dando vueltas por las aceras de la plaza, caminando por la huerta abandonada, viviendo solo en el caserón cerrado, pasando las interminables horas de los días crudos del invierno junto al fuego, oyendo crepitar los sarmientos, viendo bailar las llamas?

—Yo, señor Azorín—me dice don Rafael—, he tenido mucha actividad antes...—y después añade, con un gesto de indiferencia altiva—: Ahora ya no soy nada.

Ya no es nada, en efecto, don Rafael; tuvo antaño una brillante posición política; rodó por gobiernos civiles y por centros burocráticos; luego, de pronto, se metió en un caserón de Argamasilla. ¿No sentís una profunda atracción hacia estas voluntades que se han roto súbitamente, hacia estas vidas que se han parado, hacia estos espíritus que—como quería el filósofo Nietzsche—no han podido "sobrepujarse a sí mismos"? Hace tres siglos, en Argamasilla comenzó a edificarse una iglesia; un día, la energía de los moradores del pueblo cesó de pronto; la iglesia, ancha, magnífica, permaneció sin terminar; media iglesia quedó cubierta; la otra media quedó en ruinas. Otro día, en el siglo XVIII, en tierras de este término, intentóse construir un canal; las fuerzas faltaron asimismo, la gran obra no pasó de proyecto. Otro día, en el siglo XIX, pensóse en que la vía férrea atravesase por estos llanos; se hicieron desmontes; abrióse un ancho cauce para desviar el río; se labraron los cimientos de la estación; pero la locomotora no apareció por estos campos. Otro día, más tarde, en el correr de los años, la fantasía manchega ideó otro canal; todos los espíritus vibraron de entusiasmo; vinieron extranjeros; tocaron las músicas en el pueblo; tronaron los cohetes; celebróse un ágape magnífico; se inauguraron soberbiamente las obras, mas los entusiasmos, paulatinamente, se apagaron, se disgregaron, desaparecieron en la inacción y en el olvido... ¿Qué hay en esta patria del buen caballero de la triste figura, que así rompe en un punto, a lo mejor de la carrera, las voluntades más enhiestas?

Don Rafael pasea por la huerta, solo y callado, pasea por la plaza, entra en el pequeño cuarto del casino, no lee, tal vez no piensa.

—Yo—dice él—estoy un poco echado a perder.

Y no hay melancolía en sus palabras; hay una indiferencia, una resignación, un abandono...

MARTÍN

Martín está sentado en el patizuelo de su casa; Martín es un labriego. Las casas de los labradores manchegos son chiquitas, con un corralillo delante, blanqueadas con cal, con una parra que en el verano pone el verde presado de su hojarasca sobre la nitidez de las paredes.

—Martín—le dicen—, este señor es periodista.

Martín, que ha estado haciendo pleita sentado en una sillita terrera, me mira, puesto en pie, con sus ojuelos maliciosos, bailadores, y dice sonriendo:

—Ya, ya; este señor es de los que ponen las cosas en leyenda.

—Este señor—tornan a decirle—puede hacer que tú salgas en los papeles.

—Ya, ya—torna a replicar él, con una expresión de socarronería y de bondad—. ¿Conque este señor puede hacer que Martín, sin salir de su casa, vaya muy largo?

Y sonríe con una sonrisa imperceptible; mas esta sonrisa se agranda, se trueca en un gesto de sensualidad, de voluptuosidad, cuando, al correr de nuestra charla, tocamos en cosas atañaderas a los yantares. ¿Tenéis idea vosotros de lo que significa esta palabra magnífica: *galianos*? Los *galianos* son pedacitos diminutos de torta, que se cuecen en un espeso caldo, salteados con trozos de liebre o de pollos. Este manjar es el amor supremo de Martín; no puede concebirse que sobre el planeta haya quien los aderece mejor que él; pensar tal cosa sería un absurdo enorme.

—Los *galianos*—dice sentenciosamente Martín—se

han de hacer en caldero; los que se hacen en sartén no valen nada.

Y luego, cuando se le ha hablado largo rato de las diferentes ocasiones memorables en que él ha sido llamado para confeccionar este manjar, él afirma que de todas cuantas veces come de ellos, siempre encuentra mejores los que se halla comiendo, cuando los come.

—Lo que se come en el acto—dice él—es siempre lo mejor.

Y ésta es su grande, una suprema filosofía; no hay pasado ni existe porvenir: sólo el presente es lo real y es lo trascendental. ¿Qué importan nuestros recuerdos del pasado, ni qué valen nuestras esperanzas en lo futuro? Sólo estos suculentos *galianos* que tenemos delante, humeadores en su caldero, son la realidad única: a par de ellos el pasado y el porvenir son fantasías. Y Martín, gordezuelo, afeitado, tranquilo, jovial, con doce hijos, con treinta nietos, continúa en su patizuelo blanco bajo la parra, haciendo pleita, todos los días, un año y otro.

VII

LA PRIMERA SALIDA

Yo creo que le debo contar al lector, punto por punto, sin omisiones, sin efectos, sin lirismos, todo cuanto hago y veo. A las seis de la mañana, allá en Argamasilla, ha llegado a la puerta de mi posada Miguel, con su carrillo. Era ésta una hora en que la insigne ciudad manchega aún estaba medio dormida; pero yo amo esta hora, fuerte, clara, fresca, fecunda, en que el cielo está transparente, en que el aire es diáfano, en que parece que hay en la atmósfera una alegría, una voluptuosidad, una fortaleza que no existe en las restantes horas diurnas.

—Miguel—le he dicho yo—, ¿vamos a marchar?

—Vamos a marchar cuando usted quiera—me ha dicho Miguel.

Y yo he subido en el diminuto y destartalado carro;
la jaca—una jaquita microscópica—ha comenzado a
trotar vivaracha y nerviosa. Y, ya fuera del pueblo, la
llanura ancha, la llanura infinita, la llanura desesperante, se ha extendido ante nuestra vista. En el fondo,
allá en la línea remota del horizonte, aparecía una
pincelada larga, azul, de un azul claro, tenue, suave;
acá y allá, refulgiendo al sol, destacaban las paredes
blancas, nítidas, de las casas diseminadas en la campiña; el camino, estrecho, amarillento, se perdía ante
nosotros, y de una banda y de otra, a derecha e izquierda, partían centenares y centenares de surcos, rectos, interminables, simétricos.

—Miguel—he dicho yo—, ¿qué montes son esos que
se ven en el fondo?

—Esos montes—me contesta Miguel—son los montes
de Villarrubia.

La jaca corre desesperada, impetuosa; las anchuro-
sas piezas se suceden iguales, monótonas; todo el campo es un llano uniforme, gris, sin un altozano, sin la
más suave ondulación. Ya han quedado atrás, durante
un momento, las hazas sembradas, en que el trigo temprano o el alcacel comienzan a verdear sobre los surcos;
ahora todo el campo que abarca nuestra vista es una
extensión gris, negruzca, desolada.

—Esto—me dice Miguel—es *liego*; un año se hace
la barbechera y otro se siembra.

Liego vale tanto como eriazo; un año las tierras son
sembradas, otro año se dejan sin labrar, otro año se
labran—y es lo que lleva el nombre de barbecho—,
otro año se vuelven a sembrar. Así, una tercera parte
de la tierra, en esta extensión inmensa de la Mancha,
es sólo utilizada. Yo extiendo la vista por esta llanura
monótona; no hay ni un árbol en toda ella; no hay en
toda ella ni una sombra; a trechos, cercanos unas veces,
distantes otras, aparecen en medio de los anchurosos

bancales sembradizos diminutos, pináculos de piedra; son los *majanos*; de lejos, cuando la vista los columbra allá en la línea remota del horizonte, el ánimo desesperanzado, hastiado, exasperado, cree divisar un pueblo. Mas el tiempo va pasando; unos bancales se suceden a otros; y lo que juzgábamos poblado se va cambiando, cambiando en estos pináculos de cantos grises, desde los cuales, inmóvil, misterioso, irónico, tal vez un cuclillo—uno de estos innumerables cuclillos de la Mancha—nos mira con sus anchos y gualdos ojos...

Ya llevamos caminando cuatro horas; son las once; hemos salido a las siete de la mañana. Atrás, casi invisible, ha quedado el pueblo de Argamasilla; sólo nuestros ojos, al ras de la llanura, columbran el ramaje negro, fino, sutil, aéreo de la arboleda que exorna el río; delante destaca siempre, inevitable, en lo hondo, el azul, ya más intenso, ya más sombrío de la cordillera lejana. Por este camino, a través de estos llanos, a estas horas precisamente, caminaba una mañana ardorosa de julio el gran caballero de la triste figura; sólo recorriendo estas llanuras, empapándose de este silencio, gozando de la austeridad de este paisaje, es como se acaba de amar del todo íntimamente, profundamente, esta figura dolorosa. ¿En qué pensaba don Alonso Quijano, *el Bueno,* cuando iba por estos campos a horcajadas en *Rocinante,* dejadas las riendas de la mano, caída la noble, la pensativa, la ensoñadora cabeza sobre el pecho? ¿Qué planes, qué ideas imaginaba? ¿Qué inmortales y generosas empresas iba fraguando?

Mas ya, mientras nuestra fantasía—como la del hidalgo manchego—ha ido corriendo, el paisaje ha sufrido una mutación considerable. No os esperancéis; no hagáis que vuestro ánimo se regocije; la llanura es la misma; el horizonte es idéntico; el cielo es el propio cielo radiante; el horizonte es el horizonte de siempre,

171

con su montaña zarca; pero en el llano han aparecido unas carrascas bajas, achaparradas, negruzcas, que ponen intensas manchas rotundas sobre la tierra hosca. Son las doce de la mañana; el campo es pedregoso; flota en el ambiente cálido de la primavera naciente un grato olor de romero, de tomillo y de savia; un camino cruza hacia Manzanares. ¿No sería acaso en este paraje, junto a este camino, donde don Quijote encontró a Juan Haldudo, el vecino de Quintanar? ¿No fue ésta una de las más altas empresas del caballero? ¿No fue atado Andresillo a una de esas carrascas y azotado bárbaramente por su amo? Ya don Quijote había sido armado caballero; ya podía meter el brazo hasta el codo en las aventuras; estaba contento; estaba satisfecho; se sentía fuerte; se sentía animoso. Y entonces, de vuelta a Argamasilla, fue cuando deshizo este estupendo entuerto. "He hecho al fin—pensaba él—una gran obra." Y en tanto, Juan Haldudo amarraba otra vez al mozuelo a la encina y proseguía en el despiadado vapuleo. Esta ironía honda y desconsoladora tienen todas las cosas de la vida...

Pero, lector, prosigamos nuestro viaje; no nos entristezcamos. Las quiebras de la montaña lejana ya se ven más distintas; el color de las faldas y de las cumbres, de azul claro ha pasado a azul gris. Una avutarda cruza lentamente, pausadamente, sobre nosotros; una banda de grajos, posada en un bancal, levanta el vuelo y se aleja graznando; la transparencia del aire, extraordinaria, maravillosa, nos deja ver las casitas blancas remotas; el llano continúa monótono, yermo. Y nosotros, tras horas y horas de caminata por este campo, nos sentimos abrumados, anonadados, por la llanura inmutable, por el cielo infinito, transparente, por la lejanía inaccesible. Y ahora es cuando comprendemos cómo Alonso Quijano había de nacer en estas tierras, y cómo su espíritu, sin trabas, libre, había de volar frenético por las regiones del ensueño y de la quimera. ¿De qué manera no sentirnos aquí desligados de todo? ¿De qué manera no sentir que un algo misterioso, que un anhelo que no podemos explicar, que un ansia indefinida, inefable, surge de nuestro espíritu? Esta ansiedad, este anhelo es la llanura gualda, bermeja, sin una altura, que se extiende bajo un cielo sin nubes hasta tocar, en la inmensidad remota, con el telón azul de la montaña. Y este ansia y este anhelo es el silencio profundo, solemne, del campo desierto, solitario. Y es la avutarda que ha cruzado sobre nosotros con aleteos pausados. Y son los montecillos de piedra, perdidos en la estepa, y desde los cuales, irónicos, misteriosos, nos miran los cuclillos...

Pero el tiempo ha ido transcurriendo: son las dos de la tarde; ya hemos atravesado rápidamente el pueblecillo de Villarta; es un pueblo blanco, de un blanco intenso, de un blanco mate, con las puertas azules. El llano pierde su uniformidad desesperante; comienza a levantarse el terreno en suaves ondulaciones; la tierra es de un rojo sombrío; la montaña aparece cercana, en sus laderas se asientan cenicientos olivos. Ya casi estamos en el famoso Puerto Lápiche. El puerto es un anchuroso paso que forma una depresión de la montaña; nuestro carro sube corriendo por el suave declive; muere la tarde; las casas blancas del lugar aparecen de pronto. Entramos en él; son las cinco de la tarde; mañana hemos de ir a la venta famosa donde don Quijote fue armado caballero.

Ahora, aquí, en la posada del buen Higinio Marcaraque, yo he entrado en un cuartito pequeño, sin ventanas, y me he puesto a escribir, a la luz de una bujía, estas cuartillas.

VIII

LA VENTA DE PUERTO LÁPICHE

CUANDO yo salgo de mi cuchitril, en el mesón de Higinio Marcaraque, situado en Puerto Lápiche, son las seis de la mañana. Andrea—una vieja criada—está barriendo en la cocina con una escobita sin mango.

—Andrea, ¿qué tal?—le digo yo, que ya me considero como un antiguo vecino de Puerto Lápiche—. ¿Cómo se presenta el día? ¿Qué se hace?

—Ya lo ve usted—contesta ella—; *trajinandillo.*

Yo le pregunto después si conoce a don José Antonio; ella me mira como extrañando que yo pueda creer que no conoce a don José Antonio.

—¡Don José Antonio!—exclama ella al fin—. ¡Pues si es más bueno este hombre!

Yo decido ir a ver a don José Antonio. Ya los trajineros y carreros de la posada están en. movimiento;
del patio los carros van partiendo. Pascual ha salido
para Villarrubia con una carga de cebollas y un tablar
de acelgas; Cesáreo lleva un bomba para vino a la
quintería del brochero; Ramón va con un carro de
vidriado con dirección a Manzanares. El pueblo comienza a despertar; hay en el cielo unos tenues nuba-
rrones que poco a poco van desapareciendo; se oye el
tintinear de los cencerros de unas cabras; pasa un
porquero lanzando grandes y tremebundos gritos. Puerto
Lápiche está formado sólo por una calle ancha, de
casas altas, bajas, que entran, que salen, que forman
recodos, esquinazos, rincones. La carretera, espaciosa,
blanca, cruza por en medio. Y por la situación del
pueblo, colocado en lo alto de la montaña, en la amplia
depresión de la serranía abrupta, se echa de ver que
este lugar se ha ido formando lentamente, al amparo
del tráfico continuo, alimentado por ir y venir sin cesar
de viandantes.

Ya son las siete. Don José Antonio tiene de par en
par su puerta abierta. Yo entro y digo, dando una
gran voz:

—¿Quién está aquí?

Un señor aparece en el fondo, allá en un extremo de
un largo y oscuro pasillo. Este señor es don José Antonio, es decir, es el médico único de Puerto Lápiche.
Yo veo que, cuando se descubre, muestra una calva
rosada, reluciente; yo veo también que tiene unos ojos
anchos, expresivos; que lleva un bigotito gris sin guías,
romo, y que sonríe, sonríe con una de esas sonrisas
inconfundibles, llenas de bondad, llenas de luz, llenas
de una vida interna intensa, tal vez de resignación, tal
vez de hondo dolor.

—Don José Antonio—le digo, cuando hemos cambiado las imprescindibles frases primeras—, don José

Antonio, ¿es verdad que existe en Puerto Lápiche aquella venta famosa en que fue armado caballero don Quijote?

—Ésa es mi debilidad—me dice—; esa venta existe, es decir, existía; yo he preguntado a todos los más viejos del pueblo sobre ella; yo he recogido todos los datos que me ha sido posible..., y—añade con una mirada con que parece pedirme excusas—he escrito algunas cosillas de ella, que ya verá usted luego.

Don José Antonio se halla en una salita blanca, desnuda; en un rincón hay una estufa; un poco más lejos destaca un aparador; en otro ángulo se ve una máquina de coser. Y encima de esa máquina reposan unos papeles grandes, revueltos. La señora de don José Antonio está sentada junto a la ventana.

—María—le dice don José Antonio—, dame esos papeles que están sobre la máquina.

Doña María se levanta y recoge los papeles. Yo tengo una grande, una profunda simpatía por estas señoras de pueblo; un deseo de parecer bien las hace ser un poco tímidas; acaso visten trajes un poco usados; quizá cuando se presenta un huésped, de pronto, en sus casas modestas, ellas se azoran levemente y enrojecen ante su vajilla de loza recia o sus muebles sencillos; pero hay en ellas una bondad, una ingenuidad, una sencillez, un ansia de agradar, que os hacen olvidar en un minuto, encantados, el mantel de hule, los desportillos de los platos, las inadvertencias de la criada, los besuqueos a vuestros pantalones de este perro terrible, a quien no habíais visto jamás y que ahora no puede apartarse de vuestro lado. Doña María le ha entregado los papeles a don José Antonio.

—Señor Azorín—me dice el buen doctor, alargándome un ancho cartapacio—, señor Azorín, mire usted en lo que yo me entretengo.

Yo cojo en mis manos el ancho cuaderno.

—Esto—añade don José Antonio—es un periódico
que yo hago; durante la semana lo escribo de mi puño
y letra; luego, el domingo, lo llevo al casino; allí lo
leen los socios y después me lo vuelvo a traer a casa
para que la colección no quede descabalada.

En este periódico, don José Antonio escribe artículos
sobre higiene, sobre educación, y da las noticias de la
localidad.

—En este periódico—dice don José Antonio—es donde yo he escrito los artículos que antes he mencionado.
Pero más luz que estos artículos, señor Azorín, le dará
a usted el contemplar el sitio mismo de la célebre venta.
¿Quiere usted que vayamos?

—Vamos allá—contesto yo.

Y salimos. La venta está situada a la salida del pueblo; casi las postreras casas tocan con ella. Mas yo
estoy hablando como si realmente la tal venta existiese,
y la tal venta, amigo lector, no existe. Hay, sí, un gran
rellano en que crecen plantas silvestres. Cuando nosotros llegamos ya el sol llena con sus luces doradas la
campiña. Yo examino el solar donde estaba la venta;
todavía se conserva, a trechos, el menudo empedrado
del patio; un hoyo angosto indica lo que perdura del
pozo; otro hoyo, más amplio, marca la entrada de la
cueva o bodega. Y permanecen en pie, en el fondo,
agrietadas, cuarteadas, cuatro paredes rojizas, que forman un espacio cuadrilongo, sin techo, resto del antiguo pajar. Esta ventana era anchurosa, inmensa; hoy
el solar mide más de ciento sesenta metros cuadrados.
Colocada en lo alto del puerto, besando la ancha vía,
sus patios, sus cuartos, su zaguán, su cocina estarían
a todas horas rebosantes de pasajeros de todas clases y
condiciones; a una banda del puerto se abre la tierra
de Toledo; a otra, la región de la Mancha. El ancho
camino iba recto desde Argamasilla hasta la venta. El
mismo pueblo de Argamasilla era frecuentado de día

y de noche por los viandantes que marchaban a una parte y a otra. "Es pueblo pasajero—dicen, en 1575, los vecinos en su informe a Felipe II—; es pueblo pasajero y que está en el camino real que va de Valencia y Murcia y Almansa y Yecla." ¿Se comprende cómo don Quijote, retirado en un pueblecillo modesto, pudo allegar, sin salir de él, todo el caudal de sus libros de caballería? ¿No proporcionarían tales libros al buen hidalgo gentes de humor que pasaban de Madrid o de Valencia y que acaso se desahogarían de la fatiga del viaje charlando un rato amenamente con este caballero fantaseador? ¿Y no le dejarían gustosos, como recuerdo, a cambio de sus razones bizarras, un libro de *Amadís* o de *Tirante el blanco*? ¡Y cuánta casta de pintorescos tipos de gentes varias, de sujetos miserables y altos no debió de encontrar Cervantes en esta venta de Puerto Lápiche en las veces innumerables que en ella se detuvo! ¿No iba a cada momento de su amada tierra manchega a las regiones de Toledo? ¿No tenía en el pueblo toledano de Esquivias sus amores? ¿No descansaría en esta venta, veces y veces, entre pícaros, mozas del partido, cuadrilleros, gitanos, oidores, soldados, clérigos, mercaderes, titiriteros, trashumantes, actores?

Yo pienso en todo esto mientras camino, abstraído, por el ancho ámbito que fue patio de la posada; aquí veló don Quijote sus armas una noche de luna.

—Señor Azorín, ¿qué le parece a usted?—me pregunta don José Antonio.

—Está muy bien, don José Antonio—contesto yo.

Ya la niebla que velaba la lejana llanura se ha disipado. Enfrente de la venta destaca, a dos pasos, negruzca, con hileras de olivos en sus faldas, una montaña; detrás, aparece otro monte. Son las dos murallas del puerto. Ha llegado la hora de partir. Don José Antonio me acompaña un momento por la carretera adelante; él está enfermo; él tiene un cruelísimo y pertinaz achaque; él sabe que no se ha de curar; los dolores atroces han ido poco a poco purificando su carácter; toda su vida está hoy en sus ojos y en su sonrisa. Nos hemos despedido; acaso yo no ponga de nuevo mis pies en estos sitios. Y yo he columbrado a lo lejos, en la blancura de la carretera, cómo desaparecía este buen amigo de una hora, a quien no veré más...

IX

CAMINO DE RUIDERA

L AS andanzas, desventuras, calamidades y adversidades de este cronista es posible que lleguen algún día a ser famosas en la historia. Después de las veinte horas de carro que la ida y vuelta a Puerto Lápiche suponen, hétenos aquí ya en la aldea de Ruidera—célebre por las lagunas próximas—, aposentados en el mesón de Juan, escribiendo estas cuartillas, apenas echado pie a tierra, tras ocho horas de traqueteo furioso y de tumbos y saltos en los hondos relejes del camino, sobre los pétreos alterones. Hemos salido a las ocho de Argamasilla; la llanura es la misma llanura yerma, parda, desolada, que se atraviesa para ir a los altos de Puerto Lápiche; mas hoy, por este extremo de la campiña, como alegrándola a trechos, acá y allá, macizos de esbeltos álamos, grandes chopos, que destacan confusamente, como velados, en el ambiente turbio de la mañana. Por esta misma parte por donde yo acabo de partir de la villa, hacía sus salidas el caballero de la triste figura; su casa—hoy extensa bodega—lindaba con la huerta; una amena y sombría arboleda entoldaba gratamente el camino; cantaban en ella los pájaros; unas urracas, ligeras y elegantes, saltarían —como ahora—de rama en rama y desplegarían a trasluz sus alas de nítido blanco e intenso negro. Y el buen caballero, tal vez cansado de leer y releer en su estancia, iría caminando lentamente, bajo las frondas, con un libro en la mano, perdido en sus quimeras, ensimismado en sus ensueños. Ya sabéis que don Alonso Quijano, *el Bueno,* dicen que era el hidalgo don Rodrigo Pacheco. ¿Qué vida misteriosa, tremenda, fue la de este Pacheco? ¿Qué tormentas y desvaríos conmoverían su ánimo? Hoy, en la iglesia de Argamasilla, puede verse un lienzo patinoso, desconchado; en él, a la luz de un cirio que ilumina la sombría capilla, se distinguen unos ojos hundidos, espirituales, dolorosos, y una frente ancha, pensativa, y unos labios finos, sensuales, y una barba rubia, espesa, acabada en una punta aguda. Y debajo, en el lienzo, leemos que esta pintura es un voto que el caballero hizo a la virgen por haberle librado de una "gran frialdad que se le cuajó dentro del cerebro" y que le hacía lanzar grandes clamores "de día y de noche..."

Pero ya la llanura va poco a poco limitándose; el lejano telón azul, grisáceo, violeta, de la montaña, está más cerca; unas alamedas se divisan entre los recodos de las lomas bajas, redondeadas, henchidas suavemente. A nuestro paso, las picazas se levantan de los sembrados, revuelan un momento, mueven en el aire, nerviosas, su fina cola, se precipitan raudas, tornan a caer blandamente en los surcos... Y a las piezas paniegas suceden los viñedos; dentro de un momento nos habremos ya internado en los senos y rincones de la montaña. El cielo está limpio, diáfano; no aparece ni la más tenue nubecilla en la infinita y elevada bóveda de azul pálido. En una viña podan las cepas unos labriegos; entre ellos trabaja una moza, con la falda arregazada, cubriendo sus piernas con unos pantalones hombrunos.

—Están sarmentando—me dice Miguel, el viejo carretero—; la moza tiene dieciocho años y es vecina mía.

Y luego, echando el busto fuera del carro, vocea, dirigiéndose a los labriegos:

—¡A ver cuándo rematáis y os marcháis a mis viñas!

El carro camina por un caminejo hondo y pedregoso; hemos dejado atrás el llano; desfilamos bordeando terrenos, descendiendo a hondonadas, subiendo de nuevo a oteros y lomazos. Ya hemos entrado en lo que los moradores de estos contornos llaman "la vega"; esta vega es una angosta y honda cañada yerma, por cuyo centro corre encauzado el Guadiana. Son las diez y media; ante nosotros aparece, vetusto y formidable, el castillo de Peñarroya. Subimos hasta él. Se halla asentado en un eminente terraplén de la montaña; aún perduran de la fortaleza antigua un torreón cuadrado, sólido, fornido, indestructible, y las recias murallas—con sus barbacanas, con sus saeteras—que la cercaban. Y hay también un ancho salón, que ahora sirve de ermita. Y una viejecita menuda, fuerte como estos muros, rojiza como estos muros, es la que guarda el secular castillo y pone aceite en la lámpara de la iglesia. Yo he subido con ella a la recia torre; la escalerilla es estrecha, resbaladiza, lóbrega; dos anchas estancias constituyen los dos pisos. Y desde lo alto, desde encima de la techumbre, la vista descubre un panorama adusto, luminoso. La cañada se pierde a lo lejos en amplios culebreos; son negras las sierras bajas que la forman; los lentiscos—de un verde cobrizo—la tapizan, a rodales; las carrascas ponen su nota hosca y cenicienta. Y en lo hondo del ancho cauce, entre estos paredones sombríos, austeros, se despliega la nota amarilla, dorada de los extensos carrizales. Y en lo alto se extiende infinito el cielo azul, sin nubes.

—Los ingleses—me dice la guardadora del castillo—cuando vienen por aquí lo corren todo; parecen cabras: se suben a todas las murallas.

"Los ingleses—me decía don José Antonio en la venta de Puerto Lápiche—se llevan los bolsillos llenos de piedras." "Los ingleses—me contaba en Argamasilla un morador de la prisión de Cervantes—entran aquí y se están mucho tiempo pensando; uno hubo que se arrodilló y besó la tierra dando gritos." ¿No veis en esto el culto que el pueblo más idealista de la tierra profesa al más famoso y alto de todos los idealistas?

El castillo de Peñarroya no encierra ningún recuerdo quijotesco; pero, ¡cuántos días no debió de venir hasta él, traído por sus imaginaciones, el grande don Alonso Quijano; mas es preciso que continuemos nuestro viaje; demos de lado a nuestros sueños. El día ha promediado; el camino no se aparta ni un instante del hondo cauce del Guadiana. Vemos ahora las mismas laderas negras, los mismos carrizos áureos; acaso un águila, en la lejanía, se mece majestuosa en los aires; más allá, otra águila se cierne con iguales movimientos rítmicos, pausados; una humareda azul, en la lontananza, asciende en el aire transparente, se disgrega, desaparece. Y en este punto, en nuestro andar incesante, descubrimos lo más estupendo, lo más extraordinario, lo más memorable y grandioso de este viaje. Una casilla baja, larga, con pardo tejadillo de tejas rotas, muéstrase oculta, arrebozada entre las gráciles enramadas de olmos y chopos; es un batán, mudo, envejecido, arruinado. Dos pasos más allá, otras paredes terreras y negruzcas

destacan entre una sombría arboleda. Y delante, cuatro,
seis, ocho robustos, enormes mazos de madera descansan
inmóviles en espaciosas y recias cajas. Y un caudal
espumeante de agua cae, rumoroso, estrepitoso, en la
honda fosa donde la enorme rueda que hace andar los
batanes permanece callada. Hay en el aire una diafa-
nidad, una transparencia extraordinaria; el cielo es
azul; el carrizal que lleva al río ondula con mecimien-
tos suaves; las ramas finas y desnudas de los olmos se
perfilan graciosas en el ambiente; giran y giran las
águilas, pausadas; las urracas saltan y levantan sus
colas negras. Y el sordo estrépito del agua, incesante,
fragoroso, repercute en la angosta cañada...

Éstos, lector, son los famosos batanes que en noche
memorable, tanta turbación, tan profundo pavor lle-
varon a los ánimos de don Quijote y Sancho Panza.
Las tinieblas habían cerrado sobre ellos el campo, habían caminado a tientas las dos grandes figuras por
entre una arboleda; un son de agua apacible alegrólos
de pronto; poco después, un formidable estrépito de
hierros, de cadenas, de chirridos y de golpazos, los
dejó atemorizados, suspensos. Sancho temblaba; don
Quijote, transcurrido el primer instante, sintió surgir
en él su intrepidez de siempre; rápidamente montó
sobre el buen *Rocinante*; luego hizo saber a su escudero su propósito incontrastable de acometer esta aventura. Lloraba Sancho; porfiaba don Quijote; el estruendo proseguía atronador. Y en tanto, tras largos
dimes y réplicas, tras angustiosos tártagos, fue quebrando lentamente la aurora. Y entonces amo y criado
vieron, estupefactos, los seis batanes incansables, humildes, prosaicos, majando en sus recios cajones. Don
Quijote quedóse un momento pensativo. "Miróle Sancho—dice Cervantes—y vio que tenía la cabeza incli-
nada sobre el pecho, con muestras de estar corrido..."

Y aquí acaeció, ante estos batanes que aún perduran, esta íntima y dolorosa humillación del buen manchego; a la otra parte del río, vese aún espesa arboleda; desde ella, sin duda, es desde donde don Quijote y su escudero oirían sobrecogidos el ruido temeroso de los mazos. Hoy los batanes permanecen callados los más días del año; hasta hace poco trabajaban catorce o dieciséis en la vega. "Ahora—me dice el dueño de los únicos que aún trabajan—, con dos tan sólo bastan." Y vienen a ellos los paños de Daimiel, de Villarrobledo, de la Solana, de la Alhambra, de Infantes, de Argamasilla; su mayor actividad tiénenla cuando el trasquileo se efectúa en los rebaños; luego, el resto del año, permanecen en reposo profundo, en tanto que el agua cae inactiva en lo hondo y las picazas y las águilas se ciernen, sobre ellos, en las alturas...

Y yo prosigo en mi viaje; pronto va a tocar a su término. Las lagunas de Ruidera comienzan a descubrir, entre las vertientes negras, sus claros, azules, sosegados, limpios espejos. El camino da una vuelta; allozos en flor—flores rojas, flores pálidas—bordean sus márgenes. Allá en lo alto aparecen las viviendas blancas de la aldea; dominándolas, protegiéndolas, surge, sobre el añil del cielo, un caserón vetusto...

Paz de la aldea, paz amiga, paz que consuelas al caminante fatigado, ¡ven a mi espíritu!

X

LA CUEVA DE MONTESINOS

Ya el cronista se siente abrumado, anonadado, exasperado, enervado, desesperado, alucinado por la visión continua, intensa, monótona de los llanos de barbecho, de los llanos de eriazo, de los llanos cubiertos de un verdor imperceptible, tenue. En Ruidera, después de veintiocho horas de carro, he descansado un momento; luego, venida la mañana, aún velado el cielo por los celajes de la aurora, hemos salido para la cueva de Montesinos. Cervantes dice que de la aldea hasta la cueva median dos leguas; ésta es la cifra exacta. Y cuando se sale del poblado, por una callejuela empinada, tortuosa, de casas bajas, cubiertas de carrizo, cuando ya en lo alto de los lomazos hemos dejado atrás la aldea, ante nosotros se ofrece un panorama

nuevo, insólito, desconocido, en esta tierra clásica de
las llanadas; pero no menos abrumador, no menos uniforme que la campiña rasa. No es ya la llanura pelada;
no son los surcos paralelos, interminables, simétricos;
no son las lejanías inmensas que acaban con la pincelada azul de una montaña. Es, sí, un paisaje de lomas, de ondulaciones amplias, de oteros, de recuestos,
de barrancos hondos, rojizos, y de cañadas que se ale-
jan entre vertientes con amplios culebreos. El cielo es
luminoso, radiante; el aire es transparente, diáfano;
la tierra es de un color grisáceo, negruzco. Y sobre las
colinas sombrías, hoscas, los romeros, los tomillos, los
lentiscos extienden su vegetación acerada, enhiesta;
los chaparrales se dilatan en difusas manchas; y las carrascas, con sus troncos duros, rígidos, elevan sus copas
cenicientas, que destacan rotundas, enérgicas, en el
añil intenso...

Llevamos ya una hora caminando a lomos de rocines infames; las colinas, los oteros y los recuestos se
suceden unos a otros, siempre iguales, siempre los mismos, en un suave oleaje infinito; reina un denso silencio allá a lo lejos, entre la fronda terrena y negra,
brillan, refulgen, irradian las paredes nítidas de una
casa; un águila se mece sobre nosotros blandamente;
se oye, de tarde en tarde, el abaniqueo súbito y ruidoso de una perdiz que salta. Y la senda, la borrosa
senda que nosotros seguimos, desaparece, aparece, torna
a esfumarse. Y nosotros marchamos lentamente, parán-
donos, tornando a caminar buscando el escondido caminejo perdido entre lentiscos, chaparros y atochares.

—Estas sendas—me dice el guía—son sendas perdi-
ceras, y hay que sacarlas por conjetura.

Otro largo rato ha transcurrido. El paisaje se hace
más amplio, se dilata, se pierde en una sucesión inacabable de altibajos plomizos. Hay en esta campiña bravía,
salvaje, nunca rota, una fuerza, una hosquedad, una

dureza, una autoridad indómita que nos hace pensar en los conquistadores, en los guerreros, en los místicos, en las almas, en fin, solitarias y alucinadas, tremendas, de los tiempos lejanos. Ya, a nuestra derecha, la tierra cede de pronto y desciende en una rápida vertiente; nos encontramos en el fondo de una cañada. Y yo os digo que estas cañadas silenciosas, desiertas, que encontramos tras largo caminar, tienen un encanto inefable. Tal vez su fondo es arenoso; las laderas que lo forman aparecen rojizas, rasgadas por las lluvias; un allozo solitario crece en una ladera: se respira en toda ella un silencio sedante, profundo. Y si mana en un recodo, entre juncales, una fuentecica, sus aguas tienen un son dulce, susurrante, cariñoso, y en sus cristales transparentes se espeja acaso durante un momento una nube blanca que cruza lenta por el espacio inmenso. Nosotros hemos encontrado en lo hondo de este barranco un nacimiento tal como éstos; largo rato hemos contemplado sus aguas; después, con un vago pesar, hemos escalado la vertiente de la cañada y hemos vuelto a empapar nuestros ojos con la austeridad ancha del paisaje ya visto. Y caminábamos, caminábamos, caminábamos. Nuestras cabalgaduras tuercen, tornan a torcer, a la derecha, a la izquierda, entre cimas, entre chaparros, sobre lomas negras. Suenan las esquilas de un ganado; aparecen diseminadas acá y allá las cabras negras, rojas, blancas, que nos miran un instante atónitas, curiosas, con sus ojos brillantes.

—Ya estamos—grita el guía de pronto.

En la Mancha, "una tirada" son seis u ocho kilómetros; "estar cerca" equivale a estar a una distancia de dos kilómetros; "estar muy cerca" vale tanto como expresar que aún nos queda por recorrer un kilómetro largo. Ya estamos cerca de la cueva famosa; hemos de doblar un eminente cerro que se yergue ante nuestra vista; luego hemos de descender por un recuesto; des-

pués hemos de atravesar una hondonada. Y, al fin, ya
realizadas todas estas operaciones, descubrimos en un
declive una excavación somera, abierta en tierra roja.

"¡Oh señora de mis acciones y movimientos, clarísima y sin par Dulcinea del Toboso!", gritaba el in-
comparable caballero, de hinojos ante esta oquedad roja,
en día memorable, en tanto que levantaba al cielo sus
ojos soñadores.

La empresa que iba a llevar a cabo era tremenda;
tal vez pueda ser ésta reputada como la más alta de
sus hazañas. Don Alonso Quijano, *el Bueno,* está inmóvil, arrogante, ante la cueva; si en su espíritu hay un
leve temor en esta hora, no lo vemos nosotros.

Don Alonso Quijano, *el Bueno,* va a deslizarse por
la honda sima. ¿Por qué no entrar donde él entrara?
¿Por qué no poner en estos tiempos, después que pa-
saron tres siglos, nuestros pies donde sus plantas fir-
mes, audaces, se asentaron? Reparad en que ya el ac-
ceso a la cueva ha cambiado; antaño—cuando hablaba Cervantes—crecían en la ancha entrada tupidas zar-
zas, cambroneras y cabrahígos; ahora, en la peña lisa,
se enrosca una parra desnuda. Las paredes recias, altas,
de la espaciosa bóveda son grises, bermejas, con man-
chones, con chorreaduras de líquenes verdes y líquines
gualdos. Y a punta de navaja y en trozos desiguales,
inciertos, los visitantes de la cueva, en diversos tiempos,
han dejado esculpidos sus nombres para recuerdo eterno.
"Miguel Yáñez, 1854", "Enrique Alcázar, 1851", podemos leer en una parte. "Domingo Carranza, 1870", Mariano Merlo, 1883", vemos más lejos. Unos peñascales
caídos del techo cierran el fondo; es preciso sortear por
entre ellos para bajar a lo profundo.

"¡Oh señora de mis acciones y movimientos—repite don Quijote—, clarísima y sin par Dulcinea del
Toboso! Si es posible que lleguen a tus oídos las ple-
garias y rogaciones de este tu venturoso amante, por

tu inaudita belleza te ruego las escuches, que no son
otras que rogarte no me niegues tu favor y amparo
ahora que tanto lo he menester."

Los hachones están ya llameando; avanzamos por la
lóbrega quiebra; no es preciso que nuestros cuerpos
vayan atados con recias sogas; no sentimos contrarie-
dad—como el buen don Alonso—por no haber traído
con nosotros un esquilón para hacer llamadas y seña-
les desde lo hondo; no saltan a nuestro paso ni siniestros grajos y cuervos, ni alevosos y elásticos murciélagos. La luz se va perdiendo en un leve resplandor allá
arriba; el piso desciende en un declive suave, resbala-
dizo, bombeado; sobre nuestras cabezas se extiende
anchurosa, elevada, cóncava, rezumante, la bóveda de
piedra. Y como vamos bajando lentamente y encen-
diendo a la par hacecillos de hornija y hojarasca, un
reguero de luces escalonadas se muestra en lontananza, disipando sus resplandores rojos las sombras, dejando ver la densa y blanca neblina de humo que ya
llena la cueva. La atmósfera es densa, pesada; se oye
de rato en rato, en el silencio, un gotear pausado, lento,
de aguas que caen del techo. Y en el fondo, abajo, en
los límites del anchuroso ámbito, entre unas quiebras
rasgadas, aparece un agua callada, un agua negra, un
agua profunda, un agua inmóvil, un agua misteriosa,
un agua milenaria; un agua ciega que hace un sordo
ruido indefinible—de amenaza y lamento—cuando
arrojamos sobre ella unos pedruscos. Y aquí, en estas
aguas que reposan eternamente, en las tinieblas, lejos
de los cielos azules, lejos de las nubes amigas de los
estanques, lejos de los menudos lechos de piedras
blancas, lejos de los juncales, lejos de los álamos va-
nidosos que se miran en las corrientes; aquí, en estas
aguas torvas, condenadas, está toda la sugestión, toda
la poesía inquietadora de esta cueva de Montesinos...

Cuando nosotros hemos salido a la luz del día hemos

respirado ampliamente. El cielo se había entoldado con nubajes plomizos; corría un viento furioso que hacía gemir en la montaña las carrascas; una lluvia fría, pertinaz, caía a intervalos. Y hemos vuelto a caminar, a caminar a través de oteros negros, de lomas negras, de vertientes negras. Bandadas de cuervos pasan sobre nosotros; el horizonte, antes luminoso, está velado por una cortina de nieblas grises; invade el espíritu una sensación de estupor, de anonadamiento, de *no ser*.

"Dios os lo perdone, amigos, que me habéis quitado de la más sabrosa y agradable vida y vista que ningún humano ha visto ni pasado", decía don Quijote cuando fue sacado de la caverna.

El buen caballero había visto dentro de ella prados amenos y palacios maravillosos. Hoy don Quijote redivivo no bajaría a esta cueva; bajaría a otras mansiones subterráneas más hondas y temibles. Y en ellas, ante lo que allí viera, tal vez sentiría la sorpresa, el espanto y la indignación que sintió en la noche de los batanes, o en la aventura de los molinos, o ante los felones mercaderes que ponían en tela de juicio la realidad de su princesa. Porque el gran idealista no vería negada a Dulcinea; pero vería negada la eterna justicia y el eterno amor de los hombres.

Y estas dolorosas remembranzas es la lección que sacamos de la cueva de Montesinos.

XI

LOS MOLINOS DE VIENTO

Los molinitos de Criptana andan y andan.

—¡Sacramento! ¡Tránsito! ¡María Jesús!

Yo llamo, dando grandes voces, a Sacramento, a Tránsito y a María Jesús. Hasta hace un momento he estado leyendo en el *Quijote*; ahora la vela que está en la palmatoria se acaba, me deja en las tinieblas. Y yo quiero escribir unas cuartillas.

—¡Sacramento! ¡Tránsito! ¡María Jesús!

¿Dónde estarán estas muchachas? He llegado a Criptana hace dos horas; a lo lejos, desde la ventanilla del tren, yo miraba la ciudad blanca, enorme, asentada en una ladera, iluminada por los resplandores rojos, sangrientos, del crepúsculo. Los molinos, en lo alto de la colina, movían lentamente sus aspas; la llanura bermeja,

193

monótona, rasa, se extendía abajo. Y en la estación, a la llegada, tras una valla, he visto unos coches vetustos; uno de estos coches de pueblo, uno de esos coches en que pasean los hidalgos, uno de estos coches desteñidos, polvorientos, ruidosos, que caminan todas las tardes por una carretera exornada con dos filas de arbolillos menguados, secos. Dentro, las caras de estas damas—a quienes yo tanto estimo—se pegaban a los cristales escudriñando los gestos, los movimientos, los pasos de este viajero único, extraordinario, misterioso, que venía en primera con unas botas rotas y un sombrero grasiento. Caía la tarde; los coches han partido con estrépito de tablas y de herrajes; yo he emprendido la caminata por la carretera adelante, hacia el lejano pueblo. Los coches han dado la vuelta; las caras de estas buenas señoras—doña Juana, doña Angustias o doña Consuelo—no se apartaban de los cristales. Yo iba embozado en mi capa lentamente, como un viandante, cargado con el peso de mis desdichas. Los anchurosos corrales manchegos han comenzado a aparecer a un lado y a otro del camino; después han venido las casas blanqueadas, con las puertas azules; más lejos se han mostrado los caserones, con anchas y saledizas rejas rematadas en cruces. El cielo se ha ido entenebreciendo; a lo lejos, por la carretera, esfumados en la penumbra del crepúsculo, marchan los coches viejos, los coches venerables, los coches fatigados. Cruzas por las calles viejas enlutadas; suena una campana con largas vibraciones.

—¿Está muy lejos de aquí la fonda?—pregunto yo.

—Ésa es—me dicen señalando una casa.

La casa es vetusta; tiene un escudo; tiene de piedra las jambas y el dintel de la puerta; tiene rejas pequeñas; tiene un zaguán hondo, empedrado con menuditos cantos. Y cuando se pasa por la puerta del fondo se entra en un patio, a cuyo alrededor corre una galería

sostenida por dóricas columnas. El comedor se abre a
la mano diestra. He subido sus escalones; he entrado
en una estancia oscura.

—¿Quién es?—ha preguntado una voz desde el fondo
de las tinieblas.

—Yo soy—he dicho con voz recia; y después inmediatamente—un viajero.

He oído en el silencio un reloj que marchaba: "tic-
tac, tic-tac"; luego se ha hecho un ligero ruido como
de ropas movidas, y al final una voz ha gritado:

—¡Sacramento! ¡Tránsito! ¡María Jesús!

Y luego ha añadido:

—Siéntese usted.

¿Dónde iba yo a sentarme? ¿Quién me hablaba? ¿En
qué encantadora mansión me hallaba yo?

He preguntado tímidamente:

—¿No hay luz?

La voz misteriosa ha contestado:

—No; ahora la echan muy tarde.

Pero una moza ha venido con una vela en la mano.
¿Es Sacramento? ¿Es Tránsito? ¿Es María Jesús? Yo
he visto que los resplandores de la luz—como en una
figura de Rembrandt—iluminaban vivamente una ca-
rita ovalada, con una barbilla suave, fina, con unos
ojos rasgados y unos labios menudos.

—Este señor—dice una anciana sentada en un ángulo—quiere una habitación; llévale a la de dentro.

La de dentro está bien adentro; atravesamos el patie-
zuelo; penetramos por una puerta enigmática; torcemos a la derecha; torcemos a la izquierda; recorremos
un pasillito angosto; subimos por unos escalones; ba-
jamos por otros. Y al fin ponemos nuestras plantas en
otro cuartito angosto, con el techo que puede tocarse
con las manos, con una puerta vidriera, colocada en
un muro de un metro de espesor y una ventana diminuta abierta en otro paredón del mismo ancho.

—Éste es el cuarto—dice la moza poniendo la palmatoria sobre la mesa.

Y yo le digo:

—¿Se llama usted Sacramento?

Ella se ruboriza un poco:

—No—contesta—, soy Tránsito.

Yo debiera haber añadido:

"¡Qué bonita es usted, Tránsito!"

Pero no lo he dicho, sino que he abierto el *Quijote* y me he puesto a leer en sus páginas. "En esto—leía yo a la luz de la vela—descubrieron treinta o cuarenta molinos de viento que hay en aquel campo..." La luz se ha ido acabando; llamo a gritos. Tránsito viene con una nueva vela, y dice:

—Señor: cuando usted quiera, a cenar.

Cuando he cenado he salido un rato por las calles; una luna suave bañaba las fachadas blancas y ponía sombras dentelleadas de los aleros en medio del arroyo; destacaban confusos, misteriosos, los anchos balcones viejos, los escudos, las rejas coronadas de ramajes y filigranas, las recias puertas con clavos y llamadores formidables. Hay un placer íntimo, profundo, en ir recorriendo un pueblo desconocido entre las sombras; las puertas, los balcones, los esquinazos, los ábsides de las iglesias, las torres, las ventanas iluminadas, los ruidos de los pasos lejanos, los ladridos plañideros de los perros, las lamparillas de los retablos..., todo nos va sugestionando poco a poco, enervándonos, desatando nuestra fantasía, haciéndonos correr por las regiones del ensueño...

Los monolitos de Criptana andan y andan.

—Sacramento, ¿qué es lo que he de hacer hoy?

Yo he preguntado esto a Sacramento cuando he acabado de tomar el desayuno; Sacramento es tan bonita como Tránsito. Ya ha pasado la noche. ¿No será menester ir a ver los molinos de viento? Yo recorro las calles. De la noche al día va una gran diferencia. ¿Dónde está el misterio, el encanto, la sugestión de la noche pasada? Subo con don Jacinto por callejuelas empinadas, torcidas; en lo alto, dominando el pueblo, asentado sobre la loma, los molinos surgen vetustos; abajo, la extensión gris, negruzca, de los tejados, se aleja, entreverada con las manchas blancas de las fachadas, hasta tocar en el mar bermejo de la llanura.

Y ante la puerta de uno de esos molinos nos hemos detenido.

—Javier—le ha dicho don Jacinto al molinero—. ¿Va a marchar esto pronto?

—Al instante—ha contestado Javier.

¿Os extrañará que don Alonso Quijano, *el Bueno,* tomara por gigantes los molinos? Los molinos de viento eran, precisamente cuando vivía don Quijote, una novedad estupenda; se implantaron en la Mancha en 1575—dice Richard Ford en su *Handbook for traveller in Spain*—. "No puedo yo pasar en silencio—escribía Jerónimo Cardano en su libro *De rerum varietate,* en 1580, hablando de estos molinos—, no puedo yo pasar en silencio que esto es tan maravilloso, que yo antes de verlo no lo hubiera podido creer sin ser tachado de hombre cándido." ¿Cómo extrañar que la fantasía del buen manchego se exaltara ante estas máquinas inauditas, maravillosas?

Pero Javier ha trepado por los travesaños de las aspas de su molino y ha ido extendiendo las velas; sopla un viento furioso, desatado; las cuatro velas han quedado tendidas. Ya marchan lentamente las aspas, ya marchan rápidas. Dentro, la torrecilla consta de tres reducidos pisos: en el bajo se hallan los sacos de trigo, en el principal es donde cae la harina por una canal ancha; en el último es donde rueda la piedra sobre la piedra y se deshace el grano. Y hay aquí en este piso unas ventanitas minúsculas, por las que se atalaya el paisaje. El vetusto aparato marcha con un sordo rumor. Yo columbro por una de estas ventanas la llanura inmensa, infinita, roja, a trechos verdeante; los caminos se pierden amarillentos en culebreos largos, refulgen paredes blancas en la lejanía; el cielo se ha cubierto de nubes grises; ruge el huracán. Y por una senda que cruza la ladera avanza un hormigueo de mujeres enlutadas, con las faldas a la cabeza, que han salido esta madrugada—como viernes de cuaresma—a besarle los pies al Cristo de Villajos, en un distante santuario, y que tornan ahora, lentas, negras, pensativas, entristecidas, a través de la llanura yerma, roja...

—María Jesús—digo yo cuando llega el crepúsculo—, ¿tardará mucho en venir la luz?

—Aún tardará un momento—dice ella.

Yo me siento en la estancia entenebrecida; oigo el "tic-tac" del reloj; unas campanas tocan el *ángelus*.

Los molinitos de Criptana andan y andan.

XII

LOS SANCHOS DE CRIPTANA

¿CÓMO se llaman estos, estos queridos, estos afables, estos discretísimos amigos de Criptana? ¿No son don Pedro, don Victoriano, don Bernardo, don Antonio, don Jerónimo, don Francisco, don León, don Luis, don Domingo, don Santiago, don Felipe, don Ángel, don Enrique, don Miguel, don Gregorio y don José? A las cuatro de la madrugada, entre sueños suaves, yo he oído un vago rumor, algo como el eco lejano de un huracán, como la caída de un formidable salto de agua. Yo me despierto sobresaltado; suenan roncas bocinas, golpazos en las puertas, pasos precipitados. "¿Qué es esto? ¿Qué sucede?", me pregunto aterrorizado. El estrépito crece; me visto a tientas, confuso, espantado. Y suenan en la puerta unos recios porrazos.

AZORÍN

Y una voz grita:

—¡Señor Azorín! ¡Señor Azorín!

Y uno de estos afectuosos, de estos discretos señores, se adelanta y va a hablar; de pronto todos callan; se hace un silencio profundo.

—Señor Azorín—dice este hidalgo—: nosotros somos los Sancho Panza de Criptana; nosotros venimos a incautarnos de su persona.

Yo continúo sin saber qué pensar. ¿Qué significa esto de que estos excelentes señores son los Sancho Panza de Criptana? ¿Dónde quieren llevarme? Mas pronto se aclara este misterio tremebundo; en Criptana no hay don Quijotes; Argamasilla se enorgullece por ser la patria del caballero de la triste figura; Criptana quiere representar y compendiar el espíritu práctico, bondadoso y agudo del sin par Sancho Panza. El señor que acaba de hablar es don Bernardo; los otros son don Pedro, don Victoriano, don Antonio, don Jerónimo, don Francisco, don León, don Luis, don Domingo, don Santiago, don Felipe, don Ángel, don Enrique, don Miguel, don Gregorio y don José.

—Nosotros somos los Sanchos de Criptana—repite don Bernardo.

—Sí—dice don Victoriano—; en los demás pueblos de la Mancha, que se crean Quijotes si les place; aquí nos sentimos todos compañeros y hermanos espirituales de Sancho Panza.

—Ya verá usted apenas lleve viviendo aquí dos o tres días—añade don León—cómo esto se distingue de todo.

—Y para que usted lo compruebe más pronto—concluye don Miguel—nosotros hemos decidido secuestrarle a usted desde este instante.

—Señores—exclamo yo deseando hacer un breve discurso; mas mis dotes oratorias son bien escasas. Y yo me contento con estrechar en silencio las manos de don Bernardo, don Pedro, don Victoriano, don Antonio, don Jerónimo, don Francisco, don León, don Luis, don Domingo, don Santiago, don Felipe, don Ángel, don Enrique, don Miguel, don Gregorio y don José y nos ponemos en marcha todos; las caracolas tornan a sonar; retumban los pasos sonoros sobre el empedrado del patizuelo. Ya va quebrando el alba. En la calle hay una larga ringlera de tartanas, galeras, carros, asnos cargados con hacecillos de hornija, con sartenes y cuernos enormes llenos de aceite. Y con este punto, al subir a los carruajes, con la algaraza, con el ir y venir precipitado, comienza a romperse la frialdad, la rigidez, el matiz de compostura y de ceremonia de los primeros momentos. Yo ya soy un antiguo Sancho Panza de esta noble Criptana. Yo voy metido en una galera entre don Bernardo y don León.

—¿Qué le parece a usted, señor Azorín, de todo esto? —me dice don Bernardo.

—Me parece perfectamente, don Bernardo—le digo yo.

Ya conocéis a don Bernardo; tiene una barba gris, blanca, amarillenta; lleva unas gafas grandes, y de la cadena de su reloj pende un diminuto diapasón de acero. Este diapasón quiere decir que don Bernardo es músico; añadiré—aunque lo sepáis—que don Bernardo es también farmacéutico. A la hora de caminar esta galera, por un camino hondo, ya don Bernardo me ha hecho una interesante revelación.

—Señor Azorín—me dice—, yo he compuesto un himno a Cervantes para que sea cantado en el centenario.

—Perfectamente, don Bernardo—contesto yo.

—¿Quiere usted oírlo, señor Azorín?—torna él a decirme.

—Con mucho gusto, don Bernardo—vuelvo yo a contestarle.

Y don Bernardo tose un poco, vuelve a toser y co-

mienza a cantar en voz baja, mientras el coche da unos
zarandeos terribles:

> Gloria, gloria, cantad a Cervantes,
> creador del *Quijote* inmortal...

La luz clara del día ilumina la dilatada y llana cam-
paña; se columbra el horizonte limpio, sin árboles;
una pincelada de azul intenso cierra la lejanía.

La galera camina y camina por el angosto caminejo.
¿Cuánto tiempo ha pasado desde nuestra salida?
¿Cuánto tiempo ha transcurrido aún? ¿Dos, tres, cuatro, cinco horas? Yo no lo sé; la idea de tiempo, en
mis andanzas por la Mancha, ha desaparecido de mi
cerebro.

—Señor Azorín—me dice don León—, ya vamos a
llegar; falta una legua.

Y pasa un breve minuto en silencio. Don Bernardo
inclina la cabeza hacia mí y susurra en voz queda:

—Este himno lo he compuesto para que se cante en
el centenario del *Quijote*. ¿Ha reparado usted en la
letra? Señor Azorín, ¿no podría usted decir de él dos
palabras?

—¡Hombre, don Bernardo!—exclamo yo—. No necesita usted hacerme esta recomendación; para mí es un
deber de patriotismo el hablar de ese himno.

—Muy bien, muy bien, señor Azorín—contesta don
Bernardo satisfecho.

¿Pasa media hora, una hora, dos horas, tres horas?
El coche da tumbos y retumbos; la llanura es la misma
llanura gris, amarillenta, rojiza.

—Ya vamos a llegar—repite don León.

—Ahora, cuando lleguemos—añade don Bernardo—,
tocaremos el himno en el armónium de la ermita...

—Ya vamos a llegar—torna a repetir don León.

Y transcurre una hora, acaso hora y media, tal vez
dos horas. Yo os torno a asegurar que ya no tengo,
ante estos llanos, ni la más remota idea del tiempo.

Pero, al fin, allá sobre un montículo pelado, se divisa una casa. Esto es el Cristo de Villajos. Ya nos acercamos. Ya echamos pie a tierra. Ya damos pataditas en tierra para desentumecernos. Ya don Bernardo—este hombre terrible y amable—nos lleva a todos a la ermita, abre el armónium, arranca de él unos arpegios plañideros y comienza a gritar:

Gloria, gloria, cantad a Cervantes,
creador del *Quijote* inmortal.

Yo tengo la absurda y loca idea de que todos los himnos se parecen un poco, es decir, de que todos son lo mismo en el fondo. Pero este himno de don Bernardo no carece de cierta originalidad; así se lo confieso yo a don Bernardo.

—¡Ah, ya lo creo, señor Azorín, ya lo creo!—dice él, levantándose del armónium rápidamente.

Y luego, tendiéndome la mano, añade:

—Usted, señor Azorín, es mi mejor amigo.

Y yo pienso en lo más íntimo de mi ser: "Pero este don Bernardo, tan cariñoso, tan bueno, ¿será realmente un Sancho Panza, como él asegura a cada momento? ¿Tendrá más bien algo del espíritu de don Quijote?" Mas por lo pronto dejo sin resolver este problema; es preciso salir al campo, pasear, correr, tomar el sol, atalayar el paisaje—ya cien veces atalayado—desde lo alto de los repechos; y en estas gratas ocupaciones nos llega la hora del mediodía. ¿Os contaré punto por punto este sabroso, sólido, suculento y sanchopancesco yantar? Una bota magnífica—que el buen escudero hubiera codiciado—corría de mano en mano, dejando caer en los gaznates sutil néctar manchego; los ojos se iluminan; las lenguas se desatan. Estamos ya en los postres: ésta es precisamente la hora de las confidencias. Don Bernardo ladea su cabeza hacia mí; va a decirme, sin duda, algo importante. No sé por qué, tengo un vago barrunto de lo que don Bernardo va a decirme; pero yo estoy dispuesto siempre a oír con gusto lo que tenga a bien decirme don Bernardo.

—Señor Azorín—me dice don Bernardo—, ¿cree usted que este himno puede tener algún éxito?

—¡Qué duda cabe, don Bernardo!—exclamo yo con una convicción honda—. Este himno ha de tener un éxito seguro.

—¿Usted lo ha oído bien?—torna a preguntarme don Bernardo.

—Sí, señor—digo yo—; lo he oído perfectamente.

—No, no—dice él con aire de incredulidad—. No, no, señor Azorín; usted no lo ha oído bien. Ahora, cuando acabemos de comer, lo tocaremos otra vez.

Don Miguel, don Enrique, don León, don Gregorio y don José, que están cercanos a nosotros y que han oído estas palabras de don Bernardo, sonríen ligeramente. Yo tengo verdadera satisfacción en escuchar otra vez el himno de este excelente amigo.

Cuando acabamos de comer, de nuevo entramos en la ermita; don Bernardo se sienta ante el armónium y arranca de él unos arpegios; después vocea:

Gloria, gloria, cantad a Cervantes
creador del *Quijote* inmortal...

—¡Muy bien, muy bien!—exclamo yo.

—¡Bravo, bravo!—gritan todos a coro.

Y hemos vuelto a subir por los cerros, a tomar el sol, a contemplar el llano monótono, mil veces contemplado. La tarde iba doblando; era la hora del regreso. Las caracolas han sonado; los coches se han puesto en movimiento; hemos tornado a recorrer el caminejo largo, interminable, sinuoso. ¿Cuántas horas han transcurrido? ¿Dos, tres, cuatro, seis, ocho, diez?

—¡Señores!—he exclamado yo en Criptana, a la puerta de la fonda, ante el tropel de los nobles hidalgos. Pero mis dotes oratorias son bien escasas, y yo me he contentado con estrechar efusivamente, con verdadera cordialidad, por última vez, las manos de estos buenos, de estos afables, de estos discretísimos amigos don Bernardo, don Pedro, don Victoriano, don Antonio, don Jerónimo, don Francisco, don León, don Luis, don Domingo, don Santiago, don Felipe, don Ángel, don Enrique, don Miguel, don Gregorio y don José.

XIII

EN EL TOBOSO

EL Toboso es un pueblo único, estupendo. Ya habéis salido de Criptana; la llanura ondula suavemente, roja, amarillenta, gris, en los trechos de eriazo, de verde imperceptible en las piezas sembradas. Andáis una hora, hora y media; no veis ni un árbol, ni una chacra, ni un rodal de verdura jugosa. Las urracas saltan un momento en medio del camino, mueven nerviosas y petulantes sus largas colas, vuelan de nuevo; montoncillos y montoncillos de piedras grises se extienden sobre los anchurosos bancales. Y de tarde en tarde, por un extenso espacio de sembradura, en que el alcacel apenas asoma, camina un par de mulas, y un gañán guía el arado a lo largo de los surcos interminables.

—¿Qué están haciendo aquí?—preguntáis un poco

extrañados de que se destroce de esta suerte la siembra.

—Están rejacando—se os contesta naturalmente.

Rejacar vale tanto como meter el arado por el espacio abierto entre surco y surco con el fin de desarraigar las hierbezuelas.

—Pero, ¿no estropean la siembra?—tornáis a preguntar—. ¿No patean y estrujan con sus pies los aradores y las mulas los tallos tiernos?

El carretero con quien vais sonríe ligeramente de vuestra ingenuidad; tal vez vosotros sois unos pobres hombres—como el cronista—que no habéis salido jamás de vuestros libros.

—¡Ca!—exclama este labriego—. ¡La siembra en este tiempo contra más se pise es mejor!

Los terrenos grisáceos, rojizos, amarillentos, se descubren, iguales todos, con una monotonía desesperante. Hace una hora que habéis salido de Criptana; ahora, por primera vez, al doblar una loma distinguís en la lejanía remotísima, allá en los confines del horizonte, una torre diminuta y una mancha negruzca, apenas visible en la uniformidad plomiza del paisaje. Esto es el pueblo del Toboso. Todavía han de transcurrir un par de horas antes de que penetremos en sus calles. El panorama no varía; veis los mismos barbechos, los mismos liegos hoscos, los mismos alcaceles tenues. Acaso en una distante ladera alcanzáis a descubrir un cuadro de olivos, cenicientos, solitarios, simétricos. Y no tornáis a ver ya en toda la campiña infinita ni un rastro de arboledas. Las encinas que estaban propincuas al Toboso y entre las que don Quijote aguardaba el regreso de Sancho, han desaparecido. El carro camina dando tumbos, levantándose en los pedruscos, cayendo en los hondos baches. Ya estamos cerca del poblado. Ya podéis ver la torre cuadrada, recia, amarillenta, de la iglesia y las techumbres negras de las casas. Un silencio profundo reina en el llano; comien-

zan a aparecer a los lados del camino paredones de-
rruidos. En lo hondo, a la derecha, se distingue una
ermita ruinosa, negra, entre árboles escuálidos, negros,
que salen por encima de largos tapiales caídos. Sentís
que una intensa sensación de soledad y de abandono
os va sobrecogiendo. Hay algo en las proximidades de
este pueblo que parece como una condensación, como
una síntesis de toda la tristeza de la Mancha. Y el
carro va avanzando. El Toboso es ya nuestro. Las
ruinas de paredillas, de casas, de corrales han ido au-
mentando; veis una ancha extensión de campo llano
cubierta de piedras grises, de muros rotos, de vesti-
gios de cimientos. El silencio es profundo; no descubrís ni un ser viviente; el reposo parece que se ha
solidificado. Y en el fondo, más allá de todas estas
ruinas, destacando sobre un cielo ceniciento, lívido, te-
nebroso, hosco, trágico, se divisa un montón de casuchas pardas, terrosas, negras, con paredes agrietadas,
con esquinazos desmoronados, con techos hundidos, con
chimeneas desplomadas, con solanas que se bombean
y doblan para caer, con tapiales de patios anchamente
desportillados...

Y no percibís ni el más leve rumor; ni el retumbar
de un carro, ni el ladrido de un perro, ni el cacareo
lejano y metálico de un gallo. Y veis los mismos muros
agrietados, ruinosos; la sensación de abandono y de
muerte que antes os sobrecogiera, acentúase ahora por
modo doloroso a medida que vais recorriendo estas
calles y aspirando este ambiente.

Casas grandes, anchas, nobles, se han derrumbado
y han sido cubiertos los restos de sus paredes con bajos y pardos tejadillos; aparecen vetustas y redondas
portaladas rellenas de toscas piedras; destaca acá y
allá, entre las paredillas terrosas, un pedazo de recio
y venerable muro de sillería; una fachada con su
escudo macizo perdura, entre casillas bajas, entre un

montón de escombros... Y vais marchando lentamente
por las callejas; nadie pasa por ellas; nada rompe el
silencio. Llegáis de este modo a la plaza. La plaza es
un anchuroso espacio solitario; a una banda destaca
la iglesia, fuerte, inconmovible, sobre las ruinas del poblado; a su izquierda se ven los muros en pedazos de
un caserón solariego; a la derecha aparecen una ermita agrietada, caduca, y un largo tapial desportillado.
Ha ido cayendo la tarde. Os detenéis un momento en la
plaza. En el cielo plomizo se ha abierto una ancha
grieta; surgen por ella las claridades del crepúsculo. Y
durante este minuto que permanecéis inmóviles, absor-
tos, contempláis las ruinas de este pueblo vetusto, muerto, iluminadas por un resplandor rojizo, siniestro. Y
divisáis—y esto acaba de completar vuestra impresión—, divisáis, rodeados de este profundo silencio, sobre el muro ruinoso adosado a la ermita, la cima aguda
de un ciprés negro, rígido, y ante su oscura mancha el
ramaje fino, plateado, de un olivo silvestre, que ondula
y se mece en silencio, con suavidad, a intervalos...

¿Cómo el pueblo del Toboso ha podido llegar a este
grado de decadencia?—pensáis vosotros, mientras de-
jáis la plaza—. "El Toboso—os dicen—era antes una
población caudalosa; ahora no es ya ni la sombra de
lo que fue en aquellos tiempos. Las casas que se
hunden no tornan a ser edificadas; los moradores emi-
gran a los pueblos cercanos; las viejas familias de los
hidalgos—enlazadas con uniones consanguíneas desde
hace dos o tres generaciones—acaban ahora sin descen-
dencia." Y vais recorriendo calles y calles. Y tornáis a
ver muros ruinosos, puertas tapiadas; arcos despeda-
zados. ¿Dónde estaba la casa de Dulcinea? ¿Era realmente Dulcinea esta Aldonza Zarco de Morales de que
hablan los cronistas? En el Toboso abundan los ape-
llidos de Zarco; la casa de la sin par princesa se levanta en un extremo del poblado, tocando con el cam-

LA RUTA DE DON QUIJOTE

po; aún perduran sus restos. Bajad por una callejuela que se abre en un rincón de la plaza desierta; reparad en unos murallones desnudados de sillería que se alzan en el fondo; torced después a la derecha, caminad luego cuatro o seis pasos; deteneos al fin. Os encontráis ante un ancho edificio, viejo, agrietado; antaño esta casa debió de constar de dos pisos; mas toda la parte superior se vino a tierra, y hoy, casi al ras de la puerta, se ha cubierto el viejo caserón con un tejadillo modesto, y los desniveles y rajaduras de los muros de noble piedra se han tabicado con paredes de barro.

Ésta es la mansión de la más admirable de todas las princesas manchegas. Al presente es una almazara prosaica. Y para colmo de humillación y vencimiento, en el patio, en un rincón, bajo gavillas de ramajes de olivo, destrozados, escarnecidos, reposan los dos magníficos blasones que antes figuraban en la fachada. Una larga tapia parte del caserón y se aleja hacia el campo cerrando la callejuela...

"Sancho, hijo, guía al palacio de Dulcinea, que quizá podrá ser que la hallemos despierta", decía a su escudero don Alonso, entrando en El Toboso a medianoche.

"¿A qué palacio tengo de guiar, cuerpo de sol —respondía Sancho—, que en el que yo vi a su grandeza no era sino casa muy pequeña?"

La casa de la supuesta Dulcinea, la señora doña Aldonza Zarco de Morales, era bien grande y señorial. Echemos sobre sus restos una última mirada; ya las sombras de la noche se allegan; las campanas de la alta y recia torre dejan caer sobre el poblado muerto sus vibraciones; en la calle del Diablo —la principal de la villa— cuatro o seis yuntas de mulas que regresan del campo arrastran sus arados con su sordo rumor. Y es un espectáculo de una sugestión honda ver a estas horas, en este reposo inquebrantable, en este

211

ambiente de abandono y de decadencia, cómo se desliza de tarde en tarde, entre las penumbras del crepúsculo, la figura lenta de un viejo hidalgo con su capa, sobre el fondo de una redonda puerta cegada, de un esquinazo de sillares tronchado o de un muro ruinoso por el que asoman los allozos en flor o los cipreses...

XIV

LOS MIGUELISTAS DEL TOBOSO

¿Por qué no he de daros la extraña, la inaudita noticia? En todas las partes del planeta el autor del *Quijote* es Miguel de Cervantes Saavedra; en El Toboso es sencillamente Miguel. Todos le tratan con suma cordialidad; todos se hacen la ilusión de que han conocido a la familia.

—Yo, señor Azorín—me dice don Silverio—, llego a creer que he conocido al padre de Miguel, al abuelo, a los hermanos y a los tíos.

¿Os imagináis a don Silverio? ¿Y a don Vicente? ¿Y a don Emilio? ¿Y a don Jesús? ¿Y a don Diego? Todos estamos en torno de una mesa cubierta de un mantel de damasco—con elegantes pliegues marcados—; hay sobre ella tazas de porcelana, finas tazas que os maravilla encontrar en el pueblo. Y doña Pilar—esta dama tan manchega, tan española, discretísima, afable—va sirviendo con suma cortesía el brebaje aromoso. Y don Silverio dice, cuando trascuela el primer sorbo, como excitado por la mixtura, como dentro ya del campo de las confesiones cordiales:

—Señor Azorín: que Miguel sea de Alcázar, está perfectamente; que Blas sea de Alcázar, también; yo tampoco lo tomo a mal; pero el abuelo, ¡el abuelo de Miguel!, no le quepa a usted duda, señor Azorín, el abuelo de Miguel era de aquí...

Y los ojos de don Silverio llamean un instante. Os lo vuelvo a decir: ¿os imagináis a don Silverio? Don Silverio es el tipo más clásico de hidalgo que he encontrado en tierras manchegas; existe una secreta afinidad, una honda correlación inevitable, entre la figura de don Silverio y los muros en ruinas del Toboso, las anchas puertas de medio punto cegadas, los tejadillos rotos, los largos tapiales desmoronados. Don Silverio tiene una cara pajiza, cetrina, olivácea, cárdena, la frente sobresale un poco; luego, al llegar a la boca, se marca un suave hundimiento, y la barbilla plana, aguda, vuelve a sobresalir y en ella se muestra una mosca gris, recia, que hace un perfecto juego con un bigote ceniciento, que cae descuidado, lacio, largo, por las comisuras de los labios. Y tiene don Silverio unos ojos de una expresión única, ojos que refulgen y lo dicen todo. Y tiene unas manos largas, huesudas, sarmentosas, que suben y bajan rápidamente en el aire, elocuentes, prontas, cuando las palabras surgen de la boca del viejo hidalgo, atropelladas, vivarachas, impetuosas, pintorescas. Yo siento una gran simpatía por don Silverio: lleva treinta y tres años adoctrinando niños en El Toboso. Él charla con vosotros cortés y amable. Y cuando ya ha ganado una poca de vuestra confianza, entonces el rancio caballero saca del bolsillo interior de su chaqueta un recio y grasiento manojo de papeles y os lee un alambicado soneto a Dulcinea. Y si la confianza es mucho mayor, entonces os lee también, sonriendo con ironía, una sátira terriblemente antifrailesca, tal como Torres Naharro la deseara para su *Propaladia*. Y si la confianza logra aún más grados, entonces os lleva a que veáis una colmena que él posee, con una ventanita de cristal por la que pueden verse trabajar las abejas.

Todos estamos sentados en torno de una mesa; es esto como un círculo pintoresco y castizo de viejos rostros castellanos.

Don Diego tiene unos ojos hundidos, una frente ancha y una barba cobriza; es meditativo; es soñador; es silencioso; sonríe de tarde en tarde, sin decir nada, con una vaga sonrisa de espiritualidad y de comprensión honda. Don Vicente lleva—como pintan a Garcilaso—la cabeza pelada al rape y una barba tupida. Don Jesús es bajito, gordo y nervioso. Y don Emilio tiene una faz huesuda, angulosa, un bigotillo imperceptible y una barbita que remata en una punta aguda.

—Señor Azorín, quédese usted, yo se lo ruego; yo quiero que usted se convenza; yo quiero que lleve buenas impresiones del Toboso—dice vivamente don Silverio, gesticulando, moviendo en el aire sus manos secas, en tanto que sus ojos llamean.

—Señor Azorín—repite don Silverio—; Miguel no era de aquí; Blas, tampoco. Pero, ¿cómo dudar de que el abuelo lo era?

—No lo dude usted—añade doña Pilar sonriendo afablemente—; don Silverio tiene razón.

—Sí, sí—dice don Silverio—; yo he visto el árbol de la familia. ¡Yo he visto el árbol, señor Azorín! ¿Y sabe usted de dónde arranca el árbol?

Yo no sé en verdad de dónde arranca el árbol de la familia de Cervantes.

—Yo no lo sé, don Silverio—confieso yo un poco confuso.

—El árbol—proclama don Silverio—arranca de Madrilejos. Además, señor Azorín, en todos los pueblos estos inmediatos hay Cervantes; lo tiene usted, o los ha tenido, en Argamasilla, en Alcázar, en Criptana, en El Toboso. ¿Cómo vamos a dudar que Miguel era de Alcázar? ¿Y no están diciendo que era manchego todos los nombres de lugares y tierras que él cita en el *Quijote* y que no es posible conocer sin haber vivido aquí largo tiempo, sin ser de aquí?

—¡Sí, Miguel era manchego!—añade don Vicente, pasando la mano por su barba.

—Sí, era manchego—dice don Jesús.

—Era manchego—añade don Emilio.

—¡Ya lo creo que lo era!—exclama don Diego, levantando la cabeza y saliendo de sus remotas ensoñaciones.

Y don Silverio agrega, dando una recia voz:

—¡Pero váyales usted con esto a los académicos!

Y ya la gran palabra ha sido pronunciada. ¡Los académicos! ¿Habéis oído? ¿Os percatáis de toda la trascendencia de esta frase? En toda la Mancha, en todos los lugares, pueblos, aldeas que he recorrido, he escuchado esta frase, dicha siempre con una intencionada entonación. Los académicos, hace años, no sé cuántos, decidieron que Cervantes fuese de Alcalá y no de Alcázar; desde entonces, poco a poco, entre los viejos hidalgos manchegos ha ido formándose un enojo, una ojeriza, una ira contra los académicos. Y hoy en Argamasilla, en Alcázar, en El Toboso, en Criptana, se siente un odio terrible, formidable, contra los académicos. Y los académicos no se sabe a punto fijo lo que son; los académicos son, para los hombres, para las mujeres, para los niños, para todos, algo como un poder oculto, poderoso y tremendo; algo como una espantable deidad maligna, que ha hecho caer sobre la Mancha la más grande de todas las desdichas, puesto que ha decidido con sus fallos inapelables y enormes que Miguel de Cervantes Saavedra no ha nacido en Alcázar.

—Los académicos—dice don Emilio con profunda desesperanza—no volverán de su acuerdo por no verse obligados a confesar su error.

—Los académicos lo han dicho—añade don Vicente con ironía—, y ésa es la verdad infalible.

—¡Cómo vamos a rebatir nosotros—agrega don Jesús—lo que han dicho los académicos!

Y don Diego, apoyado el codo sobre la mesa, levanta la cabeza, pensativa, soñadora, y murmura en voz leve:

—¡Psh, los académicos!

Y don Silverio, de pronto, da una gran voz, en tanto que hace chocar con energía sus manos huesudas, y dice:

—¡Pero no será lo que dicen los académicos, señor Azorín! ¡No lo será! Miguel era de Alcázar, aunque diga lo contrario todo el mundo. Blas también era de allí, y el abuelo era de El Toboso.

Y luego:

—Aquí, en casa de don Cayetano, hay una porción de documentos de aquella época; yo los estoy examinando ahora, y yo puedo asegurarle a usted que no sólo el abuelo, sino también algunos tíos de Miguel, nacieron y vivieron en El Toboso.

¿Qué voy a oponer yo a lo que me dice don Silverio? ¿Habrá alguien que encuentre inconveniente alguno en creer que el abuelo de Cervantes era del pueblo de El Toboso?

—Y no es esto solo—prosigue el buen hidalgo—; en El Toboso existe una tradición no interrumpida de que en el pueblo han vivido parientes de Miguel; aun hay aquí una casa a la que todos llamamos *la casa de*

Cervantes. Y don Antonio Cano, convecino nuestro, ¿no se llama de segundo apellido Cervantes?

Don Silverio se ha detenido un breve momento; todos estábamos pendientes de sus palabras. Después ha dicho:

—Señor Azorín, puede usted creerme; estos ojos que usted ve han visto el propio escudo de la familia de Miguel.

Yo he mostrado una ligera sorpresa.

—¡Cómo!—he exclamado—. Usted, don Silverio, ¿ha visto el escudo?

Y don Silverio, con energía, con énfasis:

—¡Sí, sí; yo lo he visto! En el escudo figuraban dos ciervas; la divisa decía de este modo:

Dos ciervas en campo verde,
la una pace, la otra duerme;
la que pace, paz augura;
la que duerme, la asegura.

Y don Silverio, que ha dicho estos versos con una voz solemne y recia, ha permanecido un momento en silencio, con la mano diestra en el aire, contemplándome de hito en hito, paseando luego su mirada triunfal sobre los demás concurrentes.

Yo tengo un gran afecto por don Silverio; este afecto se extiende a don Vicente, a don Diego—el ensoñador caballero—, a don Jesús, a don Emilio—el de la barba aguda y la color cetrina—. Cuando nos hemos separado era medianoche por filo; no ladraban los perros, no gruñían los cerdos, no rebuznaban los jumentos, no mayaban los gatos, como en la noche memorable en que don Quijote y Sancho entraron en El Toboso; reinaba un silencio profundo; una luna suave, amorosa, bañaba las callejas, llenaba las grietas de los muros ruinosos, besaba el ciprés y el olivo silvestre que crecen en la plaza...

XV

LA EXALTACIÓN ESPAÑOLA

EN ALCÁZAR DE SAN JUAN

Quiero echar la llave, en la capital geográfica de la Mancha, a mis correrías. ¿Habrá otro pueblo, aparte éste, más castizo, más manchego, más típico, donde más íntimamente se comprenda y se sienta la alucinación de estas campiñas rasas, el vivir doloroso y resignado de estos buenos labriegos, la monotonía y la desesperación de las horas que pasan y pasan lentas, eternas, en un ambiente de tristeza, de soledad y de inacción? Las calles son anchas, espaciosas, desmesuradas; las casas son bajas, de un olor grisáceo, terroso, cárdeno; mientras escribo estas líneas, el cielo está anubarrado, plomizo; sopla, ruge, brama un vendaval furioso, helado; por las anchas vías desiertas vuelan impetuosas polvaredas; oigo que unas campanas tocan con toques desgarrados, plañideros, a lo lejos; apenas si de tarde en tarde transcurre por las calles un labriego enfundado en su traje pardo, o una mujer vestida de negro, con las ropas a la cabeza, asomando entre los pliegues su cara lívida; los chapiteles plomizos y los muros rojos de una iglesia vetusta cierran el fondo de una plaza ancha, desierta... Y marcháis, marcháis, contra el viento, azotados por las nubes de polvo, por la ancha vía interminable, hasta llegar a un casino anchuroso. Entonces, si es por la mañana, penetráis en unos salones solitarios, con piso de madera, en que vuestros pasos retumban. No encontráis a nadie; tocáis y volvéis a tocar en vano todos los timbres; las estufas reposan apagadas; el frío va ganando vuestros miembros. Y entonces volvéis a salir; volvéis a caminar por la inmensa vía desierta, azotado por el viento, cegado por el polvo; volvéis a entrar en la fonda—donde tampoco hay lumbre—; tornáis a entrar en vuestro cuarto, os sentáis, os entristecéis, sentís sobre vuestros cráneos, pesando formidables, todo el tedio, toda la soledad, todo el silencio, toda la angustia de la campiña y del poblado.

Decidme, ¿no comprendéis en estas tierras los ensueños, los desvaríos, las imaginaciones desatadas del grande loco? La fantasía se echa a volar frenética por estos llanos; surgen en los cerebros visiones, quimeras, fantasías torturadoras y locas. En Manzanares—a cinco leguas de Argamasilla—se cuentan mil casos de sortilegios, de encantamientos, de filtros, bebedizos y manjares dañosos que novias abandonadas, despechadas, han hecho tragar a sus amantes; en Ruidera—cerca también de Argamasilla—hace seis días ha muerto un mozo que dos meses atrás, en plena robustez, viera

en el alinde de un espejo una figura mostrándole una
guadaña, y que desde ese día fue adoleciendo y ahi-
lándose poco a poco hasta morir. Pero éstos son casos
individuales, aislados, y es en el propio Argamasilla,
la patria de don Quijote, donde la alucinación toma
un carácter colectivo, épico, popular. Yo quiero con-
taros este caso; apenas si hace seis meses que ha ocurrido. Un día, en una casa del pueblo, la criada sale
dando voces de una sala y diciendo que hay fuego;
todos acuden; las llamas son apagadas; el hecho, en
realidad, carece de importancia. Mas dos días han
transcurrido; la criada comienza a manifestar que ante
sus ojos, de noche, aparece la figura de un viejo. La
noticia, al principio, hace sonreír; poco tiempo después
estalla otro fuego en la casa. Tampoco este accidente
tiene importancia; mas tal vez despierta más vagas
sospechas. Y al otro día otro fuego, el tercero, surge
en la casa. ¿Cómo puede ser esto? ¿Qué misterio puede
haber en tan repetidos siniestros? Ya el interés y la
curiosidad están despiertos. Ya el recelo sucede a la
indiferencia. Ya el temor va apuntando en los ánimos.
La criada jura que los fuegos los prende este anciano
que a ella se le aparece; los moradores de la casa
andan atónitos, espantados; los vecinos se ponen sobre
aviso; por todo el pueblo comienza a esparcirse la
extraña nueva. Y otra vez el fuego torna a surgir. Y
en este punto todos, sobrecogidos, perplejos, gritan
que lo que pide esta sombra incendiaria son unas misas; el cura, consultado, aprueba la resolución; las
misas se celebran; las llamas no tornan a surgir, y el
pueblo, satisfecho, tranquilo, puede ya respirar libre
de pesadillas...

Pero bien poco es lo que dura esta tranquilidad.
Cuatro o seis días después, mientras los vecinos pasean,
mientras toman el sol, mientras las mujeres cosen sentadas en las cocinas, las campanas comienzan a tocar

a rebato. ¿Qué es esto? ¿Qué sucede? ¿Dónde es el fuego? Los vecinos saltan de sus asientos, despiertan de su estupor súbitamente, corren, gritan. El fuego es en la escuela del pueblo; no es tampoco—como los anteriores—gran cosa; mas ya los moradores de Argamasilla, recelosos, excitados, tornan a pensar en el encantador malandrín de los anteriores desastres. La escuela se halla frontera a la casa donde ocurrieron las pasadas quemas; el encantador no ha hecho sino dar un gran salto y cambiar de vivienda. Y el fuego es apagado; los vecinos se retiran satisfechos a casa. La paz es, sin embargo, efímera; al día siguiente las campanas vuelven a tocar a rebato; los vecinos tornan a salir escapados; se grita; se hacen mil cábalas; los nervios saltan; los cerebros se llenan de quimeras. Y durante cuatro, seis, ocho, diez días, por la mañana, por tarde, la alarma se repite y la población toda, conmovida, exasperada, enervada, frenética, corre, gesticula, vocea, se agita pensando en trasgos, en encantamientos, en poderes ocultos y terribles. ¿Qué hacer en este trance? "¡Basta, basta!—grita al fin el alcalde—. ¡Que no toquen más las campanas aunque arda el pueblo entero!" Y estas palabras son como una fórmula cabalística que deshace el encanto; las campanas no vuelven a sonar; las llamas no tornan a surgir.

¿Qué me decís de esta exaltada fantasía manchega? El pueblo duerme en reposo denso, nadie hace nada; las tierras son apenas rasgadas por el arado celta; los huertos están abandonados; el Tomelloso, sin agua, sin más riegos que el caudal de los pozos, abastece de verduras a Argamasilla, donde el Guadiana, sosegado a flor de tierra, cruza el pueblo y atraviesa las huertas; los jornaleros de este pueblo ganan dos reales menos que los de los pueblos cercanos. Perdonadme, buenos y nobles amigos míos de Argamasilla: vosotros mismos me habéis dado estos datos. El tiempo transcurre lento en este marasmo; las inteligencias dormitan. Y un día, de pronto, una vieja habla de apariciones, un chusco simula unos incendios, y todas las fantasías, hasta allí en el reposo, vibran enloquecidas y se lanzan hacia el ensueño. ¿No es ésta la patria del gran ensoñador don Alonso Quijano? ¿No está en este pueblo compendiada la historia eterna de la tierra española? ¿No es esto la fantasía loca, irrazonada e impetuosa que rompe de pronto la inacción para caer otra vez estérilmente en el marasmo?

Y ésta es—y con esto termino—la exaltación loca y baldía que Cervantes condenó en el *Quijote*; no aquel amor al ideal, no aquella ilusión, no aquella ingenuidad, no aquella audacia, no aquella confianza en nosotros mismos, no aquella vena ensoñadora, que tanto admira el pueblo inglés en nuestro hidalgo, que tan indispensables son para la realización de todas las grandes y generosas empresas humanas, y sin las cuales los pueblos y los individuos fatalmente van a la decadencia...

THE TIME THEY LOSE
IN SPAIN

EL doctor Dekker se encuentra entre nosotros; el
doctor Dekker es, ante todo, F. R. C. S.; es decir,
Fellow of the Royal College of Surgeons; después
el doctor Dekker es filólogo, filósofo, geógrafo, psicólo-
go, botánico, numismático, arqueólogo. Una sencilla
carta del doctor Pablo Smith, conocido de la juventud
literaria española—por haber amigado años atrás con
ella—, me ha puesto en relaciones con el ilustre miembro del Real Colegio de Cirujanos de Londres. El
doctor Dekker no habita en ningún célebre hotel de
la capital; ni el señor Cápdevielle, ni el señor Baena,
ni el señor Ibarra tienen el honor de llevarle apuntado
en sus libros. ¿Podría escribir el doctor Dekker su
magna obra si viviera en el Hotel de la Paz, o en el

225

de París, o en el Inglés? No; el doctor Dekker tiene su asiento en una modestísima casa particular de nuestra clase media; en la mesa del comedor hay un mantel de hule—un poco blanco—; la sillería del recibimiento muestra manchas grasientas en su respaldo. *The best in the world*!, ha exclamado con entusiasmo el doctor Dekker al contemplar este espectáculo, puesto el pensamiento en el país de España, que es *el mejor del mundo*.

Y en seguida el doctor Dekker ha sacado su lápiz. como un *rifle-man* con su escopeta, el doctor Dekker ha comenzado ya a amontonar los materiales de su libro terrible. ¿Y qué libro es éste? Ya lo he dicho: *The time they lose in Spain*. El ilustre doctor me ha explicado en dos palabras el plan, método y concepto de la materia; yo lo he entendido al punto. El doctor Dekker está encantado de España; el doctor Dekker delira por Madrid. *The best in the world*!, grita a cada momento entusiasmado.

¿Y por qué se entusiasma de este modo el respetable doctor Dekker? "¡Ah!—dice él—, España es el país donde se espera más." Por la mañana, el doctor Dekker se levanta y se dirige confiado a su lavabo; sin embargo, el ilustre miembro del Real Colegio de Cirujanos de Londres sufre un ligero desencanto: en el lavabo no hay ni una gota de agua. El doctor Dekñer llama a la criada; la criada ha salido precisamente en este instante; sin embargo, va a servirle la dueña de la casa; pero la dueña de la casa se está peinando en este momento, y hay que esperar de todos modos siete minutos. El doctor Dekker saca su pequeño cuaderno y su lápiz, y escribe: *Siete minutos*. ¿Saben en esta casa cuándo ha de desayunarse un extranjero? Seguramente que un extranjero no se desayuna a la misma hora que un indígena; cuando el doctor Dekker demanda el chocolate, le advierten que es preciso confeccionarlo. Otra pequeña observación: en España todas las cosas hay que hacerlas cuando deben estar hechas. El ilustre doctor torna a esperar quince minutos, y escribe en su diminuto cuaderno: *Quince minutos.*

El ilustre doctor sale de casa.

Claro está que todos los tranvías no pasan cuando nuestra voluntad quiere que pasen: hay un destino secreto e inexorable que lleva las cosas y los tranvías en formas y direcciones que nosotros no comprendemos. Pero el doctor Dekker es filósofo y sabe que cuando queremos ir a la derecha pasan siete tranvías en dirección a la izquierda, y que cuando es nuestro ánimo dirigirnos por la izquierda, los siete tranvías que corren van hacia la derecha. Pero esta filosofía del doctor Dekker no es óbice para que él saque un pequeño cuaderno y escriba: *Dieciocho minutos.*

¿Qué extranjero será tan afortunado que no tenga algo que dirimir en nuestras oficinas, ministerios o centros políticos? El doctor Dekker se dirige a un ministerio: los empleados de los ministerios—ya es tradicional, leed a Larra—no saben nunca nada de nada. Si supieran alguna cosa, ¿estarían empleados en un ministerio? El doctor Dekker camina por pasillos largos, da vueltas, cruza patios, abre y cierra puertas, hace preguntas a los porteros, se quita el sombrero ante oficiales primeros, segundos, terceros, cuartos y quintos, que se quedan mirándole, estupefactos, mientras dejan *El Imparcial* o *El Liberal* sobre la mesa. En una parte le dicen que allí no es donde ha de enterarse; en otra, que desconocen el asunto; en una tercera, que acaso lo sabrán en el negociado tal; en una cuarta, que "hoy precisamente, así al pronto, no pueden decir nada". Todas estas idas y venidas, saludos, preguntas, asombros, exclamaciones, dilaciones, subterfugios, cabildeos, evasivas, son como una senda es-

condida que conduce al doctor Dekker al descubri-
miento de la suprema verdad, de la síntesis nacional,
esto es, de que hay que *volver mañana*. Y entonces el
ilustre doctor grita con más entusiasmo que nunca:
The best in the world!, y luego echa mano de su cuaderno y apunta: *Dos horas*.

¿Podrá un extranjero que es filósofo, filólogo, numismático, arqueólogo, pasar por Madrid sin visitar
nuestra Biblioteca Nacional?

El doctor Dekker recibe de manos de un portero
unas misteriosas y extrañas pinzas; luego apunta en
una papeleta la obra que pide, el idioma en que la
quiere, el tomo que desea, el número de las pinzas, su propio nombre y apellido, las señas de su
casa; después espera un largo rato delante de una
pequeña barandilla. ¿Está seguro el ilustre doctor de
que la obra que ha pedido se titula como él lo ha
dicho? ¿No se tratará, acaso, de esta otra, cuyo título
le lee un bibliotecario en una papeleta que trae en la
mano? ¿O es que tal vez el libro que él desea están
encuadernándolo y no se ha puesto aún en el índice?
¿O quizá no sucederá que las papeletas estén cambia-
das o que hay que mirar por el nombre del traductor
en vez de empeñarse en buscar por el del autor? El
bibliotecario, que busca y rebusca las señas de este
libro, tiene una vaga idea... El doctor Dekker también tiene otra vaga idea, y escribe: *Treinta minutos*.

Pero es imposible detenerse en más averiguaciones;
un amigo ha citado para tal hora al doctor Dekker, y
el ilustre doctor sale precipitadamente para el punto
de la cita. El insigne miembro del Real Colegio de
Cirujanos de Londres ignora otra verdad fundamental
de nuestra vida, otra pequeña síntesis nacional; y es
que en Madrid un hombre discreto no debe acudir
nunca a ninguna cita, y sobre no acudir, debe repro-
char, además, su no asistencia a la persona que le ha

citado, seguro de que esta persona le dará sus corteses excusas, puesto que ella no ha acudido tampoco. El doctor Dekker, al enterarse de este detalle trascendental, ha gritado de nuevo, henchido de emoción: *The best in the world*! Y al momento ha consignado en su cuaderno: *Cuarenta minutos.* ¿Habrá que decir también que el egregio doctor ha tenido que esperar a que pusieran la sopa, cuando ha regresado a su casa en demanda de su yantar, y que también ha escrito en su librillo: *Quince minutos*?

Nada más natural después de comer que ir a un café. Atravesar la Puerta del Sol es una grave empresa. Es preciso hendir grupos compactos en que se habla de la revolución social, sortear paseantes lentos que van de un lado para otro con paso sinuoso, echar a la izquierda, ladearse a la derecha, evitar un encontronazo, hacer largas esperas para poderse colar, al fin, por un resquicio... "Un hombre que viene detrás de mí—decía Montesquieu hablando de estos modernos tráfagos—me hace dar una media vuelta, y otro que cruza luego por delante me coloca de repente en el mismo sitio de donde el primero me había sacado. Yo no he caminado cien pasos y ya estoy más rendido que si hubiera hecho un viaje de seis leguas."

Montesquieu no conoció nuestra Puerta del Sol; pero el ilustre doctor Dekker la ha cruzado y recruzado múltiples veces. Desde la esquina de Preciados hasta la entrada de la calle de Alcalá, estando libre el tránsito, podría tardarse, con andar sosegado, dos minutos; ahora se tarda seis. El doctor Dekker hiende penosamente la turba de cesantes, arbitristas, randas, demagogos, curas, chulos, policías, vendedores, y escribe en sus apuntes: *Cuatro minutos.* Y luego en el café, ya sentado ante la blanca mesa, un mozo tarda unos minutos en llegar a inquirir sus deseos; otros minutos pasan antes que el mismo mozo aporte los apechusques del brebaje, y muchos otros minutos transcurren también antes que el echador se percate de que ha de cumplir con la digna representación que ostenta. El doctor Dekker se siente conmovido. *Doce minutos,* consigna en su cartera, y sale a la calle.

¿Relataremos, punto por punto, todos los lances que le acontecen? En una tienda donde ha dado un billete de cinco duros para que cobrasen lo comprado, tardan en entregarle la vuelta diez minutos, porque el chico—cosa corriente—ha tenido que salir con el billete a cambiarlo.

En un teatro, para ver la función anunciada a las ocho y media en punto, ha de esperar hasta las nueve y cuarto; si mientras tanto coge un periódico con objeto de enterarse de determinado asunto, la incongruencia, el desorden y la falta absoluta de proporciones con que nuestras hojas diarias están urdidas le hacen perder un largo rato. El doctor Dekker desborda de satisfacción íntima. ¿Os percatáis de la alegría del astrónomo que ve confirmadas sus intuiciones remotas, o del paleontólogo que acaba de reconstruir con un solo hueso el armazón de un monstruo milenario, o del epigrafista que ha dado con un terrible enigma grabado en una piedra medio desgastada por los siglos? El doctor Dekker ha comprobado, al fin, radiante de placer, los cálculos que él hiciera, por puras presunciones, en su despacho de Fish-street-Hill.

Y cuando de regreso a su modesto alojamiento madrileño ya de madrugada, el sereno le hace aguardar media hora antes de franquearle la entrada, el eximio socio del Real Colegio de Cirujanos de Londres llega al colmo de su entusiasmo y grita por última vez, estentórea y jovialmente, pensando en este país, sin par en el planeta: *The best in the world!*

El famoso economista Novicow ha estudiado, en su

libro *Los despilfarros de las sociedades modernas,* los infinitos lapsos de tiempo que en la época presente malgastamos en fórmulas gramaticales, en letras inútiles, impresas y escritas (195 millones de francos al año dice el autor que cuestan estas letras a los ingleses y franceses), en cortesías, en complicaciones engorrosas de pesos, medidas y monedas. El doctor Dekker, original humorista y, a la vez, penetrante sociólogo, va a inaugurar, aplicando este método a los casos concretos de la vida diaria, una serie de interesantísimos estudios. Con este objeto ha llegado a España y marcha de una parte a otra todo el día con lápiz en ristre. Pronto podremos leer el primero de sus libros en proyecto. Se titula *The time they lose in Spain;* es decir, *El tiempo que se pierde en España.*

COLECCIÓN BIBLIOTECA EDAF

1 DANTE Alighieri
La divina comedia

2 Charles DARWIN
El origen del hombre

3 Víctor HUGO
Nuestra Señora de París

4 Nicolás MAQUIAVELO
El príncipe
(Seguido de **Antimaquia-
velo,** por Federico de Pru-
sia.)

5 Arthur SCHOPENHAUER
**El amor, las mujeres y la
muerte**

6 ANÓNIMO
Cantar de Mío Cid
(Texto medieval. La versión
moderna, por Luis Guar-
ner)

7 PETRONIO
El satiricón

8 F. M. Arouet, VOLTAIRE
Cándido. Zadig

9 Charles BAUDELAIRE
Las flores del mal
Traducción en verso de Án-
gel Lázaro

10 François RABELAIS
Gargantúa y Pantagruel

11 Henri Beyle, STHENDAL
Rojo y negro

13 Fedor DOSTOYEVSKI
Crimen y castigo

14 Frederich NIETZSCHE
Así hablaba Zaratustra

16 Alejandro DUMAS (hijo)
La dama de las camelias

19 Pedro CALDERÓN DE LA
BARCA
**La vida es sueño. El alcalde
de Zalamea**

20 William SHAKESPEARE
Hamlet. Romeo y Julieta

21 Henri-Frederic AMIEL
Diario íntimo (1839-1850)

22 René DESCARTES
**Discurso del método.
Otros tratados**

23 FRAY LUIS DE LEÓN
**Poesías. El cantar de los
cantares. La perfecta ca-
sada**

24 Johann W. GOETHE
Fausto

28 AZORÍN
**La ruta de Don Quijote.
Castilla**

30 Máximo GORKI
**Bárbara Olessova y otros
cuentos**

33 Jean-Jacques ROUSSEAU
Emilio

34 Wladimir MAYAKOVSKI
La chinche. El baño

35 Fedor DOSTOYEVSKI
Los endemoniados

36 Emile ZOLA
Teresa Raquin

37   Henrik IBSEN
Casa de muñecas. El pato salvaje. Espectros

38   Charles DARWIN
El origen de las especies

39   Anton CHEJOV
Tío Vania. El jardín de los cerezos. La gaviota

42   Maurice MAETERLINCK
La vida de las abejas y de las hormigas

43   Jean-Jacques ROUSSEAU
Las confesiones

44   Gustave FLAUBERT
Madame Bovary

45   Gustavo Adolfo BÉCQUER
Rimas y leyendas

46   Francisco de ROJAS
La Celestina

47   Arthur SCHOPENHAUER
Arte del buen vivir

50   Miguel de CERVANTES
Don Quijote de la Mancha

52   Emile ZOLA
Naná

55   Francisco de QUEVEDO
Historia de la vida del Buscón

56   Mijail A. SHOLOJOV
Lucharon por la patria

57   Erasmo de ROTTERDAM
Elogio de la locura

58   Lope de VEGA
Fuente Ovejuna. Peribáñez y el comendador de Ocaña

59   Jacinto BENAVENTE
Los intereses creados. Señora Ama. La malquerida

63   Máximo GORKI
La madre

66   José HERNÁNDEZ
El gaucho Martín Fierro. La vuelta de Martín Fierro

67   Nicolás GOGOL
Las almas muertas

72   Joseph-Ernest RENAN
Vida de Jesús

73   Máximo GORKI
Bajos fondos. Los bárbaros. Los hijos del Sol

74   Tirso de MOLINA
El vergonzoso en palacio. El burlador de Sevilla

75   Foustel de COULANGES
La ciudad antigua

76   Emile ZOLA
La ralea

77   Jorge MANRIQUE
Poesías completas

79   HOMERO
La Odisea

80   HOMERO
La Ilíada

81   Frederich NIETZSCHE
El Anticristo. Cómo se filosofa a martillazos

82   Domingo Faustino SARMIENTO
Facundo

84   Oscar WILDE
El retrato de Dorian Gray

85   Jean-Jacques ROUSSEAU
El contrato social

86 George SAND
Un invierno en Mallorca

87 Conde de VOLNEY
Las ruinas de Palmira

91 Fedor DOSTOYEVSKI
La casa de los muertos

92 Choderlos de LACLOS
Las relaciones peligrosas

95 Margarita de NAVARRA
El Heptamerón

96 Eugenio NOEL
América bajo la lupa

97 VIRGILIO
La Eneida

98 ESQUILO
Tragedias completas

100 D. H. LAWRENCE
La primera Lady Chatter-ley

101 Franz KAFKA
La metamorfosis. La condena

102 Emmanuel BERL
El burgués y el amor

106 Edgar Allan POE
Narraciones extraordinarias

109 Franz KAKFA
El proceso

111 Franz KAFKA
El castillo

112 Pietro ARETINO
La cortesana. Coloquio de damas

115 Frederich NIETZSCHE
Más allá del bien y del mal

116 F. M. Arouet, VOLTAIRE
Cartas filosóficas y otros escritos

Gabriel CELAYA
Dirección prohibida
(Losada-EDAF)

117 ANÓNIMO
Bhagavad-Gita

118 Rodrigo RUBIO
La silla de oro

119 Jean-Baptiste Poquelin, MOLIÈRE
Tartufo. El Avaro. El Misántropo

120 Franz KAFKA
América

121 PLATÓN
La República o el Estado

122 Rubén DARÍO
Antología poética

123 Frederich NIETZSCHE
Humano, demasiado humano

124 William SHAKESPEARE
Macbeth. Otelo. Julio César

125 Rabindranath TAGORE
El alma y el mundo

126 ANÓNIMO
La vida de Lazarillo de Tormes

127 Luis de GÓNGORA
Obra poética

128 Edgar Allan POE
Aventuras de Arturo Gordon Pym

129 Frederich NIETZSCHE
La voluntad de poderío

130 PLATÓN
Diálogos: Critón; Fedón; El Banquete; Parménides

131 Oscar WILDE
La importancia de llamarse Ernesto. El abanico de Lady Windermere. Una mujer sin importancia

132 Jean-Baptiste Poquelin, MOLIÈRE
El médico a palos. Las mujeres sabihondas. El enfermo imaginario

133 Henry Beyle, STENDHAL
La Cartuja de Parma

134 Frederich NIETZSCHE
Mi hermana y yo

135 Alejandro CASONA
La dama del alba. La Sirena varada. Nuestra Natacha

136 Federico GARCÍA LORCA
Antología poética

137 Gustave FLAUBERT
La educación sentimental.

138 SÓFOCLES
Tragedias

139 Leon TOLSTOI
Resurrección

140 Honorato de BALZAC
La piel de zapa

141 Franz KAFKA
Carta al padre. Cartas a Milena

142 Rabindranath TAGORE
La religión del hombre

143 Amado NERVO
Antología poética

144 Miguel de CERVANTES
Novelas Ejemplares

145 Walt WHITMAN
Canto de mí mismo.

146 Jacob BURCKHARDT
La cultura del Renacimiento en Italia

OBRAS INMORTALES

ANONIMO
Las mil y una noches
(2 tomos)
ALLAN POE
BALZAC
CERVANTES
CICERON
CHEJOV
DICKENS
DOSTOYEVSKI
FLAUBERT
GOETHE
GORKI
HOMERO
IBSEN
JULIO VERNE
KAFKA
MAUPASSANT
MOLIERE
NIETZSCHE
OSCAR WILDE
PLATON
PLUTARCO
QUEVEDO
SENECA
SHAKESPEARE
STENDHAL
TOLSTOI
VICTOR HUGO
WALTER SCOTT
ZOLA